A mulher do pai

Dados Internacionais de Catalogação na Publicação (CIP)
(Câmara Brasileira do Livro, SP, Brasil)

Borges, Fernanda Carlos
A mulher do pai: essa estranha posição dentro das novas famílias / Fernanda Carlos Borges. São Paulo: Summus, 2007.

Bibliografia.
ISBN 978-85-323-0399-8

1. Casamento 2. Filosofia 3. Madrastas - Psicologia 4. Madrastas - Relações familiares 5. Separação (Psicologia) I. Título.

07-6204   CDD-155.6463

Índice para catálogo sistemático:

1. Mulher do pai: Relações familiares: Psicologia   155.6463

Compre em lugar de fotocopiar.
Cada real que você dá por um livro recompensa seus autores
e os convida a produzir mais sobre o tema;
incentiva seus editores a encomendar, traduzir e publicar
outras obras sobre o assunto;
e paga aos livreiros por estocar e levar até você livros
para a sua informação e o seu entretenimento.
Cada real que você dá pela fotocópia não autorizada de um livro
financia o crime e ajuda a matar a produção intelectual de seu país.

Fernanda Carlos Borges

A mulher do pai

Essa estranha posição dentro
das novas famílias

summus editorial

A MULHER DO PAI
Essa estranha posição dentro das novas famílias
Copyright © 2007 by Fernanda Carlos Borges
Direitos desta edição reservados por Summus Editorial

Editora executiva: **Soraia Bini Cury**
Assistentes editoriais: **Bibiana Leme e Martha Lopes**
Capa: **BuonoDisegno**
Ilustração: **Rafaela Ranzani**
Projeto gráfico: **Daniel Rampazzo/Casa de Idéias**
Diagramação: **Bráulio Nogueira/Casa de Idéias**

Summus Editorial
Departamento editorial:
Rua Itapicuru, 613 – 7º andar
05006-000 – São Paulo – SP
Fone: (11) 3872-3322
Fax: (11) 3872-7476
http://www.summus.com.br
e-mail: summus@summus.com.br

Atendimento ao consumidor:
Summus Editorial
Fone: (11) 3865-9890

Vendas por atacado:
Fone: (11) 3873-8638
Fax: (11) 3873-7085
e-mail: vendas@summus.com.br

Impresso no Brasil

*Para Daniela e Pedro, que fizeram de mim a mulher do pai,
para Sílvia, a mulher do pai do meu filho,
algumas queixas e muita gratidão.*

Sumário

Prefácio 9

A mulher do pai 13

A mulher do pai faz parte da família? 17

A mulher do pai é parente? 29

Visita ou da casa? 37

A mulher do pai é madrasta? 43

Relação civilizada? 53

Emergência mítica 61

Como sair da marginalidade 75

Uma questão de identidade 91

Harmonia pela assimetria 107

Bruxa não vira fada – cuidado com os bons conselhos!...... 117

Referências bibliográficas 131

Prefácio

Há alguns anos, quando passei a ser a mulher do pai e comecei a conceber a idéia deste livro, pensei em fazer um livro de humor. De humor negro. Essa forma me parecia, no furor dos momentos mais difíceis, aquela capaz de encarar os demônios, aquele lado mais mau, mais mesquinho, mais difícil que todos temos e precisamos perceber para superar, mas, na pior e na mais comum das vezes, escondemos sob uma imagem envernizada ou sob um discurso politicamente correto. O humor negro talvez permitisse olhar de frente os sentimentos, as imagens, as idéias que nos infernizam. Talvez ajudasse a exorcizar as dificuldades com mais facilidade, talvez pudesse minimizar a culpa e a vergonha que todos sentimos diante da nossa fraqueza inevitável.

Mas, nos momentos mais fáceis, o manto da compreensão me cobria e me fazia querer superar com tolerância as dificuldades, ajudar na construção de um caminho mais amistoso. Para tanto, era preciso estudar. Estudar a condição humana, a família, a história, aprofundar questões e ampliar relações. Era preciso fazer da sombra um impulso para integrar as minhas ambigüidades com humildade, ter paciência comigo mesma e com todos. Era preciso sentir, perceber e pensar. E era preciso errar e aprender com os erros. Era preciso perdoar. Era preciso exigir.

Minha primeira experiência com a mulher do pai foi como ex. Nessa posição experimentei algumas dificuldades, mas elas eram facilmente superáveis na minha posição intocável de mãe, na garantia da satisfação simbólica que essa posição proporciona. Embora os conflitos da posição de ex também sejam intensos, existe uma grande malha social e científica que apóia a mãe: muitas publicações, várias matérias em revistas populares, muitos profissionais especializados. Mesmo a discriminação que sofri ao permitir que meu filho morasse com o pai – um colega chegou a me dizer que não seria meu amigo porque sua "estrutura de pensamento" não admitia que uma mãe "abandonasse" o filho – foi facilmente superada com a viva relação que mantive com meu filho, além de inúmeras leituras e da convivência proporcionadas por bons amigos e profissionais competentes da sociologia, da filosofia e da psicologia.

Como mulher do pai, não encontrei tanta leitura, tantos estudos, tantos profissionais capazes de me ajudar a elaborar essa posição. Mas encontrei muitas amigas vivendo a posição de mulheres do pai. Este livro nasceu dos meus esforços meio às cegas, entre conversas num desabafo, entre uma leitura aqui e ali – e após muita reflexão para elaborar emoções e idéias esparsas vindas de muitas áreas.

Este não é um livro de bons conselhos.

Não é um livro de bons exemplos.

Primeiro, porque os bons conselhos e os bons exemplos podem ser inspiradores, mas, na maioria das vezes, o que fazem é alimentar a culpa e a inferioridade daqueles que não conseguem segui-los. Segundo, porque o que tenho a oferecer não é um modelo a ser seguido, mas a solidariedade com as dificuldades e um estudo movido por elas. É um livro que nasceu da minha fragilidade, e não da minha autoconfiança.

Este é um livro de guerra e de compaixão pela condição humana, de como ela surge nas relações da mulher do pai, assumindo o que ela tem de dificuldades, de capacidade para a intolerância e para a compreensão, para o ódio e para a ternura, para o rancor e para o perdão.

É um livro que pretende trazer compreensão e alívio para a mulher do pai.

Porque aquilo que assombra não é exclusividade da mulher do pai. O marido, os filhos do marido, a ex, todo mundo assombra, todos os outros personagens das respectivas famílias – avós, cunhados – assombram com suas sombras. No entanto, a necessidade de tolerância com as crianças é ideologicamente consenso. O pai e a mãe estão relativamente protegidos pela herança dos direitos e dos deveres tradicionais, e, mesmo diante dos conflitos provocados pelos novos papéis de mãe e de pai nas transformações da família, eles encontram mais orientação massiva.

Mas a mulher do pai, essa figura nova na dinâmica da família, quem a orienta?

Este livro pretende contribuir para a orientação da mulher do pai. Não entende a mulher do pai como a bruxa madrasta. Nem como a fada madrinha. E não pretende transformar a bruxa em fada. Nesta história esquisita, a fada às vezes vira bruxa e a bruxa, fada; a princesa às vezes vira madrasta e a madrasta, princesa; o rei às vezes vira dragão e o dragão, rei.

Esta história não segue o roteiro dos contos de fada na direção de um final feliz.

Porque finais felizes acontecem a todo instante, assim como a todo instante novas dificuldades e sofrimentos os superam, exigindo constantemente novos finais: felizes, infelizes, instigantes.

Este é, antes de tudo, um livro escrito para a perspectiva da mulher do pai.

Fernanda Carlos Borges
Mulher do pai

Nota: os episódios narrados neste livro são baseados em histórias reais, narradas por diversas mulheres do pai. Por seu caráter universal, no entanto, foram adaptados de maneira a se transformarem em narrativas exemplares e fictícias.

A mulher do pai

Toca o telefone e é minha amiga:

— A gente pode se encontrar hoje? — E percebo, por sua voz presa na garganta, que ela está ansiosa e angustiada, e esse é exatamente o meu caso.

Então, respondo prontamente:

— Claro! Assim que terminar o almoço, a gente pode se encontrar... Onde? Você prefere na sua casa, na minha... não, na minha, não...

— No café, melhor no café.

— Tá bom, então daqui a pouco a gente se encontra lá. Que bom que você ligou!

— Que bom que deu certo! Até lá!

Desligo o telefone e nos sentimos a salvo... pelo menos neste instante.

Quando nos encontramos, a primeira coisa dita é:

— Como é difícil!

E ficamos felizes porque nos compreendemos.

Sabemos que não somos bruxas que maltratam criancinhas.

Sofremos, como muitas mulheres do nosso tempo, de uma dificuldade contemporânea.

Imagine que, repentinamente, o destino traz, junto com a bela surpresa de um lindo amor, uma situação absolutamente nova, em que você precisa inventar uma razão absolutamente nova de estar e de ser. Trata-se de uma posição ainda não institucionalizada e simbolicamente insuficiente. Você não é a Tia, não é a Professora, não é a Mãe, não é a Amiga, não é sequer a Madrasta! Você veio por adição em um casamento com um homem que já viveu outro casamento no qual teve filhos. Não sendo, então, coisa nenhuma, você é...

...a mulher do pai.

A dificuldade já se apresenta na denominação: mulher do pai.

É uma referência indireta que revela, cria e perpetua alguns problemas que, contados, soam cômicos, mas vividos causam muita angústia. Significa que, embora as crianças possam usufruir você, porque tudo que é do pai é meio deles – como a casa –, você mesma não é nada deles. Nem a casa é uma boa metáfora para o que é a mulher do pai, porque, embora a casa seja do pai, ela tem espaços próprios para eles, por exemplo o quarto. E o que da mulher do pai é próprio das crianças? A dificuldade de obter essas respostas significa, por exemplo, que a ex pode exigir que você seja a alegria dos filhos e a perfeição em pessoa, mas ficará incomodada se eles começarem a se afeiçoar muito a você ou quando acontecer algum desentendimento com as crianças. Significa que você ajudará a cuidar das crianças nos finais de semana quando ficam com o pai. Mas, quando precisarem de uma bronca, você ficará sem saber o que fazer, porque "você não é nada deles".

> A mulher do pai se difundiu nos últimos tempos com as mudanças na estrutura familiar contemporânea. Mudanças tão rápidas para as quais ainda não se criaram coletivamente uma nomenclatura própria e uma posição simbólica e efetiva.

Enquanto o significado e a posição permanecem incertos, Mulher do Pai permanece uma referência indireta: é do pai. Como se, em vez de falar "avó", se falasse "a mãe do pai", ou "a irmã do pai" em vez de "tia", ou "o filho do irmão do pai" em vez de "primo". Quando dizemos "avó", "tia" ou "primo", estamos dizendo que essas pessoas têm uma condição específica de se relacionar conosco e ocupam um lugar próprio em nossa vida. A madrasta também define um lugar próprio, porque, ao ser a substituta da mãe, herda dela alguns dos seus direitos e deveres.

Mas se a mulher é do pai, e não substitui a mãe, que lugar próprio ela ocupa na relação com os filhos do marido?

A mulher do pai faz parte da família?

Imagine uma situação em que a mulher do pai coloca fotos de todos sobre uma mesinha, como se fosse um altar que simbolicamente une a todos. E imagine que um dia a filha do marido separa as fotos. A criança altera o arranjo e coloca em um extremo ela e o pai e, noutro extremo, a mulher do pai. Imagine os sentimentos comprometidos nessa situação: o que acontecerá?

Na primeira vez, a mulher do pai não fará nada, apenas comentará com o marido, que achará engraçadinho e fará um breve comentário:

— Ela está tentando dizer que ainda não aceitou esta situação.

A mulher do pai pensará: "Não diga!" E tentará não dar relevância ao fato. Talvez esteja sendo implicante mesmo.

Mas a criança mexerá no altarzinho que, num momento de carinho, fora arrumado novamente. E mais uma vez a mulher do pai comentará com o marido, e ele dirá:

— Coisa de criança.

A mulher do pai talvez até se esforce para continuar a achar engraçadinho. O pai reagirá de modo tão leve, tão desinteressado, que ela fará força para se convencer de que não tem nada de mais esse ato singelo de uma criança inocente, embora seus sentimentos estejam cada vez mais e mais pesados.

Até acontecer pela terceira vez.

Ela não consegue mais se controlar. Ainda não sente segurança para interferir diretamente com a criança. Mas, quando está a sós com o marido, e ele reage mais uma vez com amenidades, ela ameaça deixar a foto da criança na gaveta até quando ela voltar e então fazê-la decidir onde pretende ficar. Ele fica apavorado, não quer desentendimento, embora um desentendimento já tenha se instalado ali há algum tempo. E só então, depois do chilique, ele decide conversar com a criança. Ela nunca mais mexerá naquelas fotos, mas muitas outras coisas parecidas continuarão acontecendo, porque

ninguém sabe se a mulher do pai faz, ou como faz, parte da família.

Ainda temos em mente resquícios da família cristã, concebida como uma instituição estável. Para ser estável, exigia uma austeridade que não suportava os valores da paixão nem mesmo do amor sensual. Paixão, sexo e corpo eram concebidos pelos padres como a porta mediante a qual os demônios enfraqueciam o espírito humano. As bruxas queimadas nas fogueiras e torturadas nos arcabouços inquisidores eram tidas como possuídas sexualmente pelos demônios. A idéia da lascívia das mulheres sustentava a percepção de que eram mais suscetíveis aos apelos da carne. Os inquisidores acreditavam que as bruxas eram visitadas nas noites sombrias pelos demônios e copulavam com eles. Seduzidas, entregavam sua alma aos demônios e, a serviço do mal, deveriam, como escravas, queimar a alma masculina com o fogo da paixão.

A família, portanto, deveria ser constituída por meio dos casamentos arranjados, jamais movidos pelas instabilidades afetivas ou sensuais. Tratava-se de uma instituição que não podia ser ameaçada pela instabilidade emocional e sensual. Essas famílias eram grandes, os parentes viviam próximos ou numa mesma casa, e todos se ajudavam nas tarefas familiares.

Com o desenrolar da revolução do trabalho, ideologicamente apoiada na Revolução Francesa e tecnicamente na Revolução Industrial, as famílias começaram a se formar com base nos encontros individuais das pessoas que iam trabalhar nas fábricas e indústrias dos grandes centros urbanos. Esses critérios individuais só poderiam evocar a chama do amor, mas, para que este não implicasse sérios riscos à solidez da família, devido às instabilidades do fogo, seria preciso que ao amor fosse agregada a virtude das mulheres.

Assim, os casamentos passaram a ser apoiados no amor e na virtude, esta associada à idéia de que as mulheres virtuosas não se interessavam muito pela paixão, pelo sexo, mas pelo sacrifício devotado à família. É a mulher frígida da cultura moderna, que ama, mas não deseja. Essa mulher não tem o apoio das grandes famílias para cuidar dos filhos e da casa, e o autocontrole exigido dela aumenta. Aqui, os papéis determinados a cada membro da família eram bastante definidos: o pai sustenta com o trabalho exterior, a mãe zela com o cuidado dos filhos e da casa, e os filhos obedecem. A cada um, um papel específico que determina o que pode, o que não pode e o que deve ser feito. Os casamentos que resultaram dos valores do amor e da virtude constituem famílias que giram em torno do núcleo do casal: é a família nuclear constituída por pai, mãe e filhos. Eles vivem longe dos demais parentes ou estes não participam ativamente do núcleo.

Mas, nessa mesma onda da revolução do trabalho, as mulheres começaram a trabalhar nas fábricas e nas indústrias, e a ajudar no orçamento da família. Com isso, alguns valores passaram a ser questionados. O poder econômico e a pílula anticoncepcional trouxeram a maior mudança: as mulheres não dependiam mais do homem e não estavam mais vulneráveis à gravidez. Essas condições proporcionaram às mulheres a possibilidade da autonomia em muitos sentidos. Elas reivindicaram para si o prazer, a independência financeira, o poder de decisão. E isso, claro, favoreceu a reivindicação ao direito de separação: primeiro o desquite, depois o divórcio. E muitas mulheres o reivindicaram.

E teve início uma grande revolução na instituição familiar.

Os lares de pais separados não funcionam com as mesmas regras das antigas famílias nucleares: pai trabalhador, mãe zelosa e filhos obedientes. Não que todos os lares fossem exatamente assim, mas essa era a determinação ideológica a qual todos se esforçavam para seguir, ou sofriam com as dificuldades de fazê-lo. A partir de então, é possível que a mãe trabalhe fora, o pai zele e os filhos reivindiquem...

As funções e os papéis da atual família estão em plena mudança, e ninguém ainda sabe muito bem qual é a sua posição nessa nova situação indefinida.

A mãe que não trabalha fora se sente diminuída, aquela que trabalha se sente insuficiente com os filhos. O pai que não trabalha fora se sente inútil; quando não cumpre tarefas domésticas, retrógrado.

Na família nuclear, as qualidades atribuídas ao gênero feminino e masculino eram bastante diferentes. Até há bem pouco tempo, as meninas eram estimuladas para a sensibilidade, a proteção e a afetividade. Os meninos eram estimulados para a coragem, a independência e a dominação. As meninas então ficavam mais preparadas para as respostas pessoais; os meninos, para as respostas impessoais.

O cultivo das respostas pessoais entre as mulheres visava a um bom desempenho na sua função de rainha do lar, no seu papel na esfera íntima da vida privada. No entanto, o cultivo das expectativas pessoais acabou resultando hoje no fato de que as mulheres, desde meninas, aceitem com mais facilidade a constituição do casamento com base no amor – e a separação no término do amor. É muito maior a freqüência com que as mulheres pedem o divórcio! Ao passo que os homens, mais cultivados nos aspectos práticos, relutam mais no momento da separação, alegando a estabilidade institucional da família, mesmo que a convivência pessoal esteja ruim.

Ainda hoje, apesar de todas as mudanças que vem sofrendo a família nuclear, mesmo entre casais separados a exigência de respostas afetivas e expressivas ainda recai mais sobre a mulher, e a exigência de respostas objetivas e práticas recai mais sobre os homens.

Bem, a mulher do pai é mulher.

Isso significa que, embora ela "não seja da família", quando os filhos do marido estão juntos, sobre ela recaem os cuidados com as questões pessoais e afetivas: porque é mulher. Ela, como mulher, foi mais estimulada a perceber e interagir com os afetos. No entanto, se "ela não faz parte da família" – da família nuclear –, o que poderá fazer diante de uma situação comportamental e afetiva que envolve os filhos do marido? Ao mesmo tempo em que estaria mais predisposta a agir, também existe uma proibição tácita, porque na relação com os filhos do marido...

... a mulher do pai é uma estranha no próprio lar!

Imaginemos que você é uma mulher do pai, e os filhos do marido estão em sua casa, participando do seu mundo e vivendo entre as suas coisas. Mesmo que seja uma convivência quinzenal e de férias, é um bom tempo para ligações profundas, ainda que a idealização da família nuclear queira que você ocupe um lugar mais periférico e superficial. Muitas coisas acontecerão e você viverá o impasse de intervir e de como fazê-lo, o que será inevitável. Uma das coisas que vão irritá-la profundamente é quando o marido, a avó, a sogra, a sua mãe ou qualquer outro disser:

*— Poupe-se. Não se envolva nisso,
eles não são nada seus.*

Não são nada seus, mas participam da sua vida, do seu espaço, dos seus sentimentos, dos seus momentos. Muita coisa acontece numa casa com crianças: desde abrir gavetas que não devem ser abertas, mexer em coisas que não podem ser mexidas, gerar confrontos e teimas para fazer coisas como comer, tomar banho ou organizar a bagunça, até criar problemas com movimentações, como passear ou não passear, neste ou naquele parque, ir para a casa da avó ou da tia, como exemplos mais simples.

Isso implica momentos de tensão real, de ânimos alterados, de verdadeira chateação para todos. É um momento em que regras devem ser estabelecidas; responsabilidades, definidas; vontades, amansadas, vencidas ou afirmadas. Mas como fazer isso se a mulher do pai não faz parte da família e eles "não são nada seus"?

Nessa situação, todos sofrem o desafio da constituição de sentido para as novas famílias. Neste caso, as novas famílias após a separação dos antigos casais.

Então, estamos vivendo uma transição na família, que carrega simultaneamente referências e valores de um tipo de família quase extinta, como os papéis de gênero sexual, e novos valores emergentes, como o da igualdade de condições dos indivíduos, independentemente dos papéis sexuais.

Se é difícil elaborar o significado da posição do pai e da mãe, imagine então o significado desta nova figura na dinâmica das novas famílias: a mulher do pai!

A família mudou, e nosso imaginário não acompanhou completamente essa mudança.

Vivemos num atraso simbólico, presos num modelo familiar que não responde pelas novas dinâmicas familiares. Muitas pessoas que fazem parte das novas famílias, como a mulher do pai, os filhos do marido, o filho da mulher do pai, convivem juntos sob a ameaça da frugalidade do vínculo, como se não fossem da "mesma família".

O grande desafio é constituir um sentido para si mesmas e para os vínculos novos que as caracterizam, diferentes dos antigos sentidos da família nuclear.

Esses antigos sentidos provavelmente mais atrapalham do que ajudam.

No caso da mulher do pai, atrapalham porque alimentam a idéia de que a mulher do pai não faz parte da família, fragilizando os laços de afetividade e de responsabilidades. O modelo da família nuclear carrega a infeliz idéia de que aos da família tudo, aos de fora nada.

Então, à mulher do pai nada.

A mulher do pai vive o terrível conflito de estar "no olho do furacão" da família e de ser tratada como se estivesse fora. Isso implica a idéia de que a ela não cabe a proteção que os membros da família ideologicamente devem ter entre si. Proteção, consideração, inclusão incondicional. A mulher do pai é contínua e explicitamente condicionada. São muitos os testes pelos quais ela tem de passar para ser inteiramente integrada, e na maioria das vezes não é.

Se ela não faz parte da família – é uma "estranha" –, o que fazer com o envolvimento afetivo com as crianças, que tende a crescer com o tempo, com a convivência, com a influência real da sua presença? É quase como se o fato de ela "não fazer parte da família" – a nuclear – impedisse o desenvolvimento de laços entre eles. Trata-se de um envolvimento represado pelos inúmeros deveres sem direitos.

Enquanto não elaborarmos coletivamente um novo imaginário que localize as forças que produzem sentido para as novas famílias, a mulher do pai permanecerá como se não fizesse parte da família. E pior:

a mulher do pai será associada a uma imagem negativa, de intrusa ou de madrasta.

Como intrusa ou madrasta, ela ameaça o valor da mãe e não poderá ser apreciada. Ao apreciá-las, os filhos podem sentir que estão sendo desleais à mãe. As crianças têm uma lealdade apoiada no vínculo primordial de proteção. São leais com a mãe, que sabem que é a protetora "número um". Se à mulher do pai é atribuída qualquer ameaça à mãe, mesmo de substituição desta, eles a rejeitarão.

Assim como qualquer mau sentimento da mãe com relação à nova mulher do ex é percebido pelas crianças. Quando a mãe tem forte apelo ideológico na família nuclear, terá mais dificuldades em integrar a nova mulher do seu ex como membro da família, afetando negativamente a relação das crianças com a mulher do pai. Portanto,

muitos problemas que a mulher do pai enfrenta com as crianças são problemas com as dificuldades da mãe em integrar no seu imaginário familiar a mulher do pai.

E as crianças também podem usar das diferenças entre elas para resolver os seus impasses. No meio de um desentendimento com a mãe, o filho usou este recurso, dizendo:

— Eu quero ficar com a mulher do meu pai, ela deixa, ela é mais legal que você!

E a mãe, atônita, respondeu:

— Nisso ela pode ser mais legal, mas em outras coisas eu sou mais legal, e além do mais eu sou a sua mãe, e ela não é nada sua!

Mesmo a instância jurídica não favorece a mulher do pai, porque ela também não foi atualizada legalmente: a mulher do pai está numa posição na qual deve uma série de coisas, porque em alguma medida é vista como uma espécie de "estepe" de mãe, mas não tem nenhum direito legitimado.

Enquanto escrevia este livro, uma mulher do pai me contou que vivia uma situação em que essa dificuldade era extremada: a mãe simplesmente impedia o convívio das crianças com ela! O pai só podia encontrar as crianças rapidamente, em ocasiões tipo "escapadelas", das quais a mulher do pai não participava. Ele não queria se indispor com a ex e não favorecia a aproximação da mulher do pai. E esta queria conviver mais com os filhos do marido, até porque o casal tinha um novo filho e as crianças sentiam curiosidade tanto por ela quanto pelo irmão, mas não queriam mentir à mãe sobre contatos escondidos. Eram impedidos de conviver... A mulher do pai não existe na instância jurídica da família e não tem direito legal ao qual possa recorrer num caso como esse... Está presa na posição de "intrusa". O pai tem direito e poderia, neste caso, requerer maior convivência com os filhos, mas ele não queria confusão... Ela não sabia o que fazer: presa na posição de estranha na família, não sabia como participar sem ser a intrusa... Sem apoio legal, somente a compreensão dela mesma, do pai e da ex a respeito de sua participação como membro da família favoreceria uma aproximação. Fica a proposta para que este seja o mote para uma nova briga, no lugar da velha briga que empaca a situação.

Além do mais, quando as crianças já convivem com a mulher do pai, a inclusão de todos como membros de uma nova família favoreceria a sua aceitação dos filhos do marido, porque,

enquanto os filhos do marido "não são nada seus", a mulher do pai também tem tudo para se sentir invadida por eles, os "estranhos" que ocupam a sua casa e a sua vida.

Neste caso, qualquer esforço em direção à "família que ficou para trás", seja na forma de atenção ou de dinheiro, poderá ser entendido como um "valor perdido". Como se fosse um esforço que, em vez de ser aplicado na sua própria família – sua família nuclear –, estivesse sendo desviado.

Para que as pessoas que compõem as novas posições sejam integradas numa nova idéia de família, será preciso primeiro aceitar o fato da contínua desintegração da família nuclear, desintegração mítica e factual.

Só assim serão bem-vindos novos padrões, articulações e laços.

É importante lembrar os riscos da idealização da família nuclear que amarra as aspirações num passado "maravilhoso", que nunca existiu e jamais existirá. São muitas as pessoas que sofrem de saudades de modelos ideais desajeitados com relação às urgências do tempo e da mudança, numa expectativa que trava as suas vidas para um futuro possível. Modelo ideal que promete a felicidade, mas não cumpre.

O fato é que a maioria das famílias contemporâneas não é a família nuclear.

Muitos profissionais de diversas áreas vêm estudando as novas famílias, oriundas de separações e de novos casamentos, famílias das quais faz parte a mulher do pai. Essas famílias não são nucleares, e muitos nomes têm surgido para nomeá-las: famílias reconstituídas, recasamentos, famílias multinucleares, famílias mosaico. Dessas nomenclaturas todas, escolhemos "família mosaico". O nome "família reconstituída" remete à idéia de um retorno à família nuclear e não consegue incorporar os novos arranjos e os novos personagens familiares. "Família multinuclear" é um bom nome, mas optamos aqui por mosaico, por ser um desenho feito com pedrinhas multicoloridas cujos núcleos são claramente inter-relacionados.

A mulher do pai é parente?

A idéia de que o casal e a família nuclear indissolúvel são a melhor coisa que a humanidade inventou impede a compreensão dos benefícios de ter mais pessoas participando dos cuidados em família.

Antes do advento da família nuclear na modernidade, as antigas famílias eram grandes, e todos participavam dos cuidados das crianças. Hoje, com a dissolução da família nuclear na vida contemporânea, as grandes famílias estão voltando de outro modo. Não são mais avós, tios, primos, todo mundo morando perto. Não são laços determinados pela herança de sangue: a mulher do pai, o marido da mãe, o filho da mulher do pai, os filhos do marido da mãe, a mãe da mulher do pai, a irmã do marido da mãe, enfim.

A grande família agora é determinada mais por proximidade afetiva do que sangüínea.

A mãe da mulher do pai é o que dos filhos do marido? Não é avó, "não é nada", como a mulher do pai, embora seja "alguém". Muitas crianças freqüentam a casa da mãe da mulher do pai, e laços, memórias, referências, responsabilidades são cultivados nesse tipo de relação. Conheço uma mulher, mãe da mulher do pai, que fica freqüentemente com a filha do seu genro, leva-a para passear, conta histórias, como uma avó faria. E ela é o que da menina?

Trata-se de uma grande nova família, num modo talvez mais interessante, mais diversificado, com laços que permitem, ao mesmo tempo, o aumento da autonomia e da rede de responsabilidades.

Então, a desestruturação da família nuclear, da qual tantos se queixam, na verdade está proporcionando o aumento da família. Quer dizer, mais pessoas participam intimamente e podem ser entendidas como da família. É uma nova grande família cujos parentes se sustentam na afetividade e na responsabilidade.

Alguns chamam esses laços da nova família de pluriparentalidade: uma parentalidade plural, diferente da polarizada "pai–filho", "mãe–filho", "marido–mulher". Quer dizer: "pai–mulher do pai–mãe–marido da mãe–filho da mulher do pai" etc.

> *O que dificulta a percepção e a legitimação dessa pluralidade parental é a persistência idealizada e sacralizada da família nuclear.*

Mas, para compreender melhor essa concepção de parente, é preciso olhar mais de perto a diversidade das configurações familiares atuais.

O fato é que as novas possibilidades de família e de relações de gênero são muitas: desde casais juntos que sustentam tanto papéis de gênero tradicionais quanto diversificados, casais separados, novas famílias pós-separação das quais faz parte a mulher do pai, casais homossexuais sem filhos ou com filhos de ex-casamentos heterossexuais, alguns com filhos adotivos, produção independente etc.

A situação que envolve a adoção é particularmente interessante do ponto de vista da mulher do pai, porque também traz o tema da parentalidade plural. Ana Paula Uziel[1] lembra que, antigamente, em muitas famílias havia o "filho de criação". Ele não era exatamente adotado, porque, embora fosse criado e desenvolvesse laços com a família, não ocupava o lugar de direito dos filhos legítimos e mantinha a referência dos pais biológicos.

Essa criança somava à sua família biológica a família que a criava, e precisava lidar com as possibilidades e restrições que ambas lhe ofereciam. Não se tratava de uma relação de substituição de uma família por outra, mas de soma. O que muitas vezes prejudicava essa relação era o sofrimento da criança quanto aos direitos que seus irmãos de criação adquiriam, e ela não, como os direitos de herança. Esse direito estava apoiado na supervalorização do biológico sobre o laço parental.

---

[1] Tese de doutorado em Ciências Sociais, na Unicamp, que aborda o tema da parentalidade nas mais diversas configurações familiares contemporâneas (Uziel, 2002).

No entanto, essa concepção de filhos de criação favorecia, paradoxalmente, a concepção de pluriparentalidade: uma relação parental de soma, e não se substituição.

Mas como definir essas relações de parentes plurais oficialmente?

Esse é um problema que a jurisdição contemporânea da família deverá rever em algum momento. Ana Paula Uziel também reparou que

"é muito mais difícil assumir a perplexidade da sociedade frente à necessidade de numerar ou nomear pais e mães para designar cada um do que imaginar uma certidão de nascimento com várias lacunas a preencher com nomes de pais e mães, significando um número menos controlável de pessoas para responder por um menor de idade".

Tanto as novas famílias com a mulher do pai quanto as famílias com filhos adotivos estão mexendo com o conceito de que o laço sangüíneo é prioritário sobre os outros. Isso revê, antes tarde do que nunca, a perigosa idéia de que aos meus pares biológicos a proteção, aos outros a guerra.

Mas as famílias que adotam crianças ainda estão sob a aliança dos casais e sob o mito da família nuclear, mesmo que venham a se separar. Quer dizer, embora não sejam filhos sangüíneos, encontram pais substitutos e, na maioria das vezes, perdem o rastro dos pais biológicos. Então, embora a adoção possa questionar a parentalidade sangüínea, com a substituição de pais não surge a questão da parentalidade plural – ainda que ela exista de fato.

Os pais adotivos entram no lugar dos pais biológicos, e muitos casais que adotam relutam em escolher crianças que tenham uma memória da sua família original. A preferência pela adoção de bebês muitas vezes se apóia na dificuldade de lidar com a memória da criança, em que é explícito o caráter somatório da parentalidade plural. Uma memória assim exige a percepção da adição, porque é claro que existem outros pais e mães na memória da criança.

Mas a idéia do casal como eixo da família, a nuclear, apela para a substituição. Então, embora a adoção questione a ênfase no biológico sobre a parentalidade, ela ainda está presa ao modelo da família nuclear e também resiste à idéia da parentalidade plural.

> *Será nas novas famílias da qual participa a mulher do pai que a idéia de parentalidade plural aparecerá mais radicalmente. E são essas as famílias que carregam o esforço simbólico, intelectual e afetivo de inventar novos valores familiares.*

Nessas novas famílias a estrutura é de uma rede que favorece trajetórias diversas. Vários lares interconectados, muitas e diversas intensidades e fluxos afetivos, muitas direções, saídas e entradas. Nelas, a posição da mulher do pai é extremamente relevante; de fato, e não de direito: juridicamente, a mulher do pai não tem nenhum vínculo com a criança, ela não "adotou" a criança, quer dizer, não substituiu a mãe.

Do mesmo modo, a criança nada pode exigir juridicamente dos novos parceiros dos seus pais. Nem herdeira da mulher do pai ela é, nem direito a visitas ou pensão ela pode requerer. O direito familiar está apoiado em outro tempo, no tempo da família nuclear, e é necessário que seja atualizado. Como disse Uziel, *"talvez o recasamento seja o caso mais claro da existência da pluriparentalidade. Os cônjuges dos pais, sem substituir os pais biológicos, convivem com as crianças. É preciso inventar algo que lhes dê um estatuto, também na compreensão da crianças, para que essa intervenção tenha legitimidade".*

Para tanto, é importante perceber que a filiação é também um ato social apoiado na afetividade e na responsabilidade.

Muitas mães rejeitam ou não podem exercer sua maternidade com as crianças, embora as tenham concebido. Quer dizer, a mãe, ao parir, também precisa "virar mãe" que cuida. Uma mãe deverá ser "feita depois" do parto, depois de colocar uma criança no mundo. E essa mãe feita depois nem sempre é a mãe que deu à luz. Assim, mulheres que adotam passam a ser mães – "mães que cuidam". E, se isso serve para a mulher que adota,

uma maternização também serve para a mulher do pai, na medida em que exerce uma maternidade – e neste caso por adição, não por substituição.

Pode-se entender a maternidade como uma espécie de "competência" adquirida por pessoas em condições diferentes, e todas somam na maternização. Mas nossa sociedade ainda prioriza a substituição que coloca uma "no lugar" da outra. No entanto, aquela que engravidou e pariu exerceu uma maternidade sofrendo a gravidez, o parto e todos os sentimentos, bons e maus, nas situações que a envolveram quando carregava esse novo ser que trouxe ao mundo, embora não tenha conseguido exercê-la como "mãe que cuida" depois do parto.

Então, a mulher que pariu, a mulher que adotou, a mulher do pai, todas participam da maternidade, na medida em que todas maternizam de algum modo. Isso não quer dizer que elas estejam livres de dificuldades e de maus momentos com as crianças, seja a mãe, a mãe adotiva ou a mulher do pai. No entanto, as mães oficiais estão protegidas pelo mito da "grande mãe", que favorece que suas dificuldades e seus maus momentos sejam mais toleráveis e perdoáveis.

Conheço uma história em que uma mulher do pai estava muito brava com o filho do marido porque ele não queria se submeter a alguma regra da casa. O menino começou a soltar desaforos e a chamou de chata, com ódio e aos prantos. Ela, também alterada, disse:

— Você está se achando tão prejudicado, no entanto numa situação destas a sua mãe já teria te batido com uma cinta — coisa que de fato a mãe fazia.

E ele retrucou:

— Mas mesmo assim ela é mais legal que você!

Embora a mulher do pai participe de uma maternidade, isso não significa que será maravilhosa, impecável e plena de qualidades, "como uma mãe deveria ser" – e também não é.

Então, para que a mulher do pai seja integrada numa posição original que faça sentido na família, será preciso que a concepção de parentalidade seja revista.

Visita ou da casa?

Se você é uma mulher do pai, provavelmente já sabe que os filhos deste não são visita, porque a casa é do pai deles. Mas também sente que eles não são da casa, porque a casa é sua e você não é nada deles – você é do pai. E, de repente, acaba se sentindo uma intrusa em sua própria casa! Você é demais na sua casa que é a casa do pai e é a casa deles que não são "nada seus"!

E outras complicações vêm se somar a essa.

Eles também estão confusos e levarão algum tempo para perceber que a sua casa não é uma visita ao parquinho faz-tudo de diversões. Seu marido também perceberá depois. Igualmente confuso, não sabe muito bem se são da casa ou visita. Não convive diariamente com as crianças e quer compensar quando estão juntos abrindo exceções que não aconteceriam caso fossem "da casa".

E você, mulher do pai, sabe que no começo tudo é festa. Na alegria da paixão dos primeiros momentos, você está disposta a brincar e a fazer gracinhas. Afinal, você ainda não sente a força da participação desses seres na sua vida, nem percebeu o quanto eles estarão presentes e lhe afetarão, bem e mal.

Você era queridinha quando se conheceram, e era uma queridinha sincera. Vocês saíam para passear, almoçar. Eram momentos especiais, recebendo visitas, e você sabia que dali a pouco voltaria para a sua vida ou ficaria sozinha com ele. Você continuava na sua casa, vocês ainda não estavam morando totalmente juntos. Ao ver as crianças na sua sala, você via crianças passeando, e elas também se sentiam assim.

Num passeio, fazer concessões não tem maiores implicações. Ser amigável e simpática na maior parte do tempo também é fácil num encontro casual, num passeio, numa visita.

Mas, com o tempo, as coisas mudam.

> *Sua casa vai deixando de ser um lugar de passeio, enquanto passa a ser um lugar onde relacionamentos estão se desenvolvendo e aprofundando.*

A consciência dessa mudança poderá chocar.

Para começar a compreender esse assunto difícil, algumas noções básicas da psicologia analítica podem ajudar. Quando as pessoas se conhecem, procuram mostrar o melhor de si mesmas, conseguem ocultar com mais facilidade suas ambigüidades, reforçando suas características mais sociáveis, mais amigáveis, mais admiráveis: o que a psicologia analítica chama de *persona*. Mas ninguém é só admirável e amável o tempo todo. Todos temos emoções mais pesadas, maus sentimentos, tendências nem tão admiráveis e idéias mais perigosas que precisamos reconhecer para elaborar e transformar. É o que a psicologia analítica chama de a "sombra" de cada um.

E com o tempo a sombra vai aparecendo em qualquer relacionamento: inclusive com a mulher do pai.

A capacidade de entrar em contato com a sombra e de enfrentar os assombros que ela provoca é uma característica do amadurecimento psíquico. É por isso que a humildade é um valor tão acentuado por diversas religiões e filosofias. Não somos tão onipotentes nem seguros de nós mesmos o suficiente para não nos surpreendermos com a sombra; por isso, não podemos abrir mão da eterna vigilância. Eterna vigilância não é repressão e cegueira: é coragem de perceber e integrar a sombra para que ela não se exerça destrutivamente, mas a favor das forças de agregação e de renovação de estabilidades estagnadas.

A característica do amadurecimento é a passagem pelos conflitos, pela ambivalência que o contato com a sombra provoca; é esta passagem que nos faz ir além dos limites da persona (da máscara), para nos sentirmos mais integrados como *self*: o "eu profundo".

E vale lembrar que na etimologia da palavra "profundo" temos: a favor da fusão. Profundo é aquilo que favorece a fusão, que vai além das superfícies onde as contradições parecem estanques e isoladas entre si. Então, o *self* é a instância capaz de fundir a sombra à *persona*, de fundir nossas ambigüidades. Trata-se de uma superação contínua: a eterna vigilância.

Quer dizer, todos podemos sentir inveja, mas ela poderá ser transformada em impulso para ir além dos limites nos quais nos colocamos. Todos podemos sentir ódio, mas o ódio poderá ser transformado numa força capaz de produzir transformações favoráveis nas situações que nos ameaçam. Mas ninguém sabe lidar com os conflitos até que eles aconteçam. Não estamos prontos para lidar com nossos maus sentimentos até que eles surjam e nos obriguem a superá-los. É assim que todos estamos sujeitos a aprender com a experiência.

Caso você seja uma mulher do pai, sabe que, à medida que as relações vão passando de relações entre *personas* e a sombra começa a aparecer, você começa a perceber de modo diferente os esforços máximos que ele faz para deixar as crianças felizes 24 horas, mesmo que para isso esgote até suas últimas forças. E, como toda criança que tem essa oportunidade, elas começam a tiranizar. Você passa a ficar cansada e a se preocupar. Vocês ficam ansiosos. As crianças cobram sem parar, impiedosas. Ele cede, você recua. Você vai ficando irritada e começa a dirigir seus esforços para compreender e fazê-lo entender que é um pai, não um *entertainer*. E isso provocará muitos conflitos – se você é uma mulher do pai, sabe disso.

> *Depois de muitos conflitos, ficará mais claro que os finais de semana e as férias serão convertidos em situações de convívio, com momentos de alegria e tristeza, de concessões e de broncas.*

E as crianças reparam que ele está mudando.

E a culpa, claro, é sua. A desconfiança paira no ar:

— Pai, você não era assim antes.

— Pai, você mudou com a gente.

— Pai, você não falava assim comigo.

E quem poderia ameaçar a alegria do sonho infantil? A bruxa-madrasta, claro.

E todos começarão a empurrar você para o papel da madrasta. E, se você não tomar cuidado, quando perceber já estará ocupando esse lugar sombrio.

A mulher do pai é madrasta?

A mulher do pai não é a madrasta.

A madrasta dos contos infantis é a sombra da mãe boa, a "mãe má", aquela cujo amor não é incondicional, que exige, que limita, que tem maus sentimentos. E qual mãe não os tem? A madrasta é a sombra da mãe idealizada, é o lado obscuro e oculto sob a idealização da mãe perfeita.

Vários contos de madrasta nasceram na Idade Média, quando muitas mulheres morriam no parto e outra assumia o papel da mãe com "imperfeição". As histórias de bruxa-madrasta e princesas perseguidas surgiram numa época em que muitas mulheres morriam, seja pelo parto ou outras complicações, e outra mulher vinha ocupar o lugar da mãe. Não havia penicilina, não havia toda a tecnologia que hoje apóia as mulheres. A madrasta era a substituta imperfeita que alimentava o sonho nostálgico da mãe perfeita.

Esse não é o caso da mulher do pai, porque

> a mulher do pai não entra na família por substituição, mas por adição.

No entanto, muitas mulheres, ao ocuparem o lugar de mulher do pai, acabam sendo chamadas de madrastas ou se autodenominam assim. Isso pode ser um grande equívoco que perpetua vários outros.

Vejamos o porquê.

Comecemos pelo fato de que "madrasta" é, antes de tudo, uma palavra. A palavra "madrasta" não designa a mulher que casou com o pai, mas a mulher que casou com o pai viúvo e, de alguma forma, ocupa o lugar deixado pela mãe. Esse não é o caso da mulher do pai.

Mas as palavras não estão entre nós somente para designar objetivamente as coisas. Elas também remetem a sentidos afetivos, uma vez que são pronunciadas enquanto vivemos nossas emoções, e a sentidos intencionais, visto que participam do universo simbólico que nos orienta. Esse universo de sentido está comprometido com nosso corpo, nossa cultura e nossa história.

As palavras e os significados a elas associados participam e nascem das nossas ações, emoções e pensamentos comprometidos com trajetórias, com a história. É assim que elas adquirem uma característica mais singularizada, quer dizer, mais afastada da universalidade designativa e objetiva. As palavras adquirem um poder mais subjetivo, sujeito a nuanças e sentidos inesperados que emergem em determinados contextos, emocionais e intencionais.

É assim que a palavra não somente designa, mas expressa algo. Sua expressividade corresponde às forças a ela associadas, que sustentam um sentido mais singular e contextual. A palavra não é "neutra". A sua expressividade emerge da nossa convivência: do modo de falar, dos personagens sociais a elas associados, das histórias às quais foram especialmente relacionadas, das emoções evocadas da nossa memória individual e coletiva.

A expressividade da palavra depende da vivência que acompanhou seu aprendizado: sensações, sentimentos e idéias que foram experimentados quando fizemos contato com a palavra. Tudo isso está relacionado com significados coletivos sustentados nas tendências de comportamento, padrões de reação, mitos, piadas que reproduzem, perpetuam e criam uma experiência afetiva comum.

"Madrasta", portanto, é uma palavra que expressa mais do que a mera designação de uma posição familiar.

> *Muitos dicionários tratam da palavra "madrasta" não só como um termo neutro, que designa "a mulher que substitui a mãe ao casar-se com o pai viúvo", mas também como palavra com qualidades negativas: "má sorte".*

Curiosamente, o mesmo não acontece com "padrasto": não existe valor negativo atribuído a essa palavra, ela aparece apenas como designação do homem que substituiu o pai ao casar-se com a mãe viúva.

Então, "madrasta" é uma palavra com expressividade coletiva muito mais forte do que "padrasto". Mas uma expressividade negativa: "maldade". Muitas são as expressões que derivam disso: "sorte madrasta", "pátria madrasta". Como fugir dessas associações cada vez que alguém pronuncia a palavra "madrasta"? Lutar contra esses significados enraizados no imaginário coletivo não é fácil. Ao longo dos séculos, madrasta foi associada à mãe substituta que é imperfeita e má: a "má sorte".

O significado das palavras que aprendemos na infância é radicalmente associado ao contexto emocional e intencional. Carregaremos esses significados pela vida afora. Mesmo depois de adultos, não será fácil separar a palavra dos significados que foram agregados na infância, dado que envolvem também uma experiência cultural coletiva. Mesmo porque o imaginário coletivo que direciona a experiência emocional, como aquele das histórias infantis, das piadas, dos filmes, dos mitos, perpetua o significado de maldade à madrasta, e esse imaginário atinge a todos.

Qualquer problema com a mulher do pai, que é entendida como madrasta, remete à convicção coletiva:

— Já sabia, ela é má!

Melhor não ser madrasta.

O significado expressivo coletivo atrai metáforas cuja emergência é instantânea: madrasta evoca bruxa. Quando a palavra "madrasta" é mencionada, surge a imagem da bruxa. A metáfora reforça e destaca alguns aspectos, neste caso os negativos. Portanto, diante das dificuldades de fazer emergir uma fada madrinha quando dizemos "madrasta", talvez seja mais importante criar outra designação para essa posição da mulher do pai.

> *A mulher do pai não é madrasta, nem no sentido designativo da palavra (ela não substitui a mãe) nem no sentido expressivo (ela não substitui com imperfeição).*

Contudo, algumas pessoas mantêm o apego ao vocábulo "madrasta" e tentam alterar seu significado, criando algumas modificações que invoquem uma conotação mais positiva, como "boastra" ou "boadrasta". Quer dizer, ela não é má, má-drasta, ela é boa, boa-drasta.

> *Mas será que a mulher do pai deve ser caracterizada como boazinha?*

Ao substituir madrasta por boastra, na tentativa de exorcizar a expressividade negativa da palavra, é mantida uma aproximação designativa equivocada entre a posição da mulher do pai e a posição da madrasta. Esse equívoco desemboca noutro pior: "boastra" coloca a mulher do pai na posição antagônica à madrasta: ela não é má, é boa. A madrasta é má, a boastra é boa, e as polaridades estão fixadas.

Essa substituição desemboca numa visão de mundo dividida entre pares inconciliáveis: o bom de um lado e o mau do outro. Se a boastra é boa, ela não pode ser má, é só boa. Se a madrasta é má, ela não pode ser boa, é só má. Essa polarização de extremos dificulta a percepção e a vivência das contradições e das ambigüidades inerentes à experiência afetiva. Embora existam pessoas mais capazes de destruição – estas são as mais "más" e devem ser retiradas do convívio social –, a maioria de nós tem momentos bondosos e maldosos, momentos de tolerância e compreensão, momentos de intolerância e incompreensão, momentos com capacidade para o perdão e momentos de cultivo dos rancores. Todos, inclusive mãe e pai, tios e avós, irmãos e primos, assim como a mulher do pai.

Essas ambigüidades afetivas são constitutivas da experiência humana, que nos permite amar e resistir, cuidar e enfrentar, acreditar e desconfiar, acolher e libertar, entre tantas outras coisas.

Então, se madrasta já não designa objetivamente a mulher que casou com o pai sem substituir a mãe, se já é difícil alterar seu significado expressivo, mais difícil ainda será polarizar o significado com "boastra". Claro que, no convívio, em algum momento bem-humorado, essa palavra pode servir para elaborar a condição da mulher do pai, mas não serve como proposta séria que favoreça uma inserção adequada à mulher do pai nas novas relações familiares. Mesmo porque ela não vai ser sempre boazinha.

Portanto, uma nova designação ainda está por vir e, enquanto não vem, ela continuará a ser a mulher do pai ou... (seu nome próprio).

A mulher do pai leva a fama de má porque não faz parte da família.

E a idéia geral é de que na família todos se tratam bem. Mas, na verdade, a família não é tão boa assim. O que as pesquisas indicam é que na maioria das vezes são os pais quem mais exercem o papel de maus. Os dados são estarrecedores com relação à negligência infantil, à violência e aos abusos sexuais.

São os pais os maiores omissos sobre as necessidades básicas do desenvolvimento infantil, tanto com relação aos cuidados materiais (alimentação e agasalho) quanto com relação aos cuidados mentais (como atenção, orientação e liberdade). Na maioria das vezes, são os pais que espancam, humilham e abusam sexualmente das crianças, seguidos dos padrastos e dos tios. A idéia de "má sorte" não é aplicada ao padrasto, não existe "destino padrasto". E idealmente o padrasto parece ser mais aceito do que a madrasta, pois não se fala muito nos conflitos com ele.

No entanto, o padrasto aparece nos índices reais como um agressor muito mais comum do que a madrasta. Será que ela constitui mais um grupo de mulheres vítimas da difamação machista do patriarcado, que protege a boa imagem masculina e demoniza as mulheres? (A mesma difamação que deu conotação tão diferente a "homem público", preocupado com os interesses coletivos, e a "mulher pública", vadia.)

Voltemos à família. As violências mais comuns[1] na família são a agressão física, a agressão psicológica e a negligência.

> *Os principais responsáveis pela violência[2] em família são, em primeiro lugar, o pai e, em segundo, a mãe. A madrasta aparece num humilde lugar, depois do padrasto, dos tios, dos irmãos e dos avós.*

Com relação ao tipo de violência mais típico de cada membro da família, a mãe é a principal responsável pelos casos de negligência e violência física, seguida do pai. O pai é o maior responsável pela violência sexual e psicológica, seguido pela mãe. Um dado estarrecedor é de que a violência sexual não é mais característica de famílias desestruturadas, mas muito comum nas famílias ditas "normais". O tipo de violência mais freqüente das madrastas é a física, mas num índice baixíssimo, depois dos tios, irmãos e avós.

---

[1] Dados do Centro Regional de Atenção aos Maus Tratos na Infância (Crami), de Campinas.

[2] Segundo dados da Polícia Civil de Pernambuco. Aqui, a mulher de pai viúvo e a mulher de pai separado são chamadas, ambas, de madrasta.

> *Apesar de a madrasta e a mulher do pai terem uma má fama bastante difundida, o fato é que elas agridem muitíssimo menos do que o pai, a mãe e os demais membros legítimos da família.*

É a família legítima a principal responsável pelos danos físicos e emocionais das crianças, que com ela aprendem o contrário do que se imagina que a família ensina: desrespeito, baixa auto-estima, intolerância, desinteresse, hipocrisia etc.

E existe um tipo de violência mais sutil em família, mas não menos nocivo: a inibição da percepção das crianças desde a infância. A ênfase ideológica na perfeição da família inibe nas crianças a percepção do que está diante do seu nariz: os maus sentimentos, as más intenções, as fraquezas. Um discurso maciço pró-família divide as crianças entre o que elas ouvem sobre o que deveria ser e o que vêem de fato: "Não é verdade que seu pai não se interessa muito por você, porque os pais sempre se interessam pelos filhos", por exemplo. Daí as crianças aprendem a desconfiar do que percebem, e quem duvida da percepção não consegue se orientar e perde o caminho.

A ausência de referências ideológicas sobre o papel da mulher do pai favorece a percepção, o que significa que ela tem mais visibilidade que os demais membros da família. Talvez por isso sobre ela explodam com mais facilidade as emoções proibidas e contidas. Por essa via tão tortuosa os olhos se abrem para sacrificar o que podem ver...

E essa visibilidade diante da ausência de ideologia ajuda a explicar por que a madrasta e a mulher do pai falam mais sobre dificuldades e são mais faladas quando se trata destas do que os pais: não estando vivendo sob a pressão da idealização dos papéis familiares tradicionais,

> *podem falar mais abertamente sobre suas
> dificuldades, e todos podem criticá-las
> sem ameaçar a imagem da família.*

É possível dizer que as mães sofrem mais em silêncio, pois revelar suas dificuldades é assumir um fracasso diante da idealização da "grande mãe".

Uma pesquisa realizada em Porto Alegre, na PUC, sobre o autoconceito entre mães e madrastas (Falcke e Wagner, 2000)[3], percebeu que ambas assumem para si a responsabilidade pelo bem-estar na família. No entanto, a mães se consideram mais equilibradas, apesar de confiarem menos nas suas emoções e evitarem pensar nos problemas. As madrastas demonstram mais suas dificuldades e seus fracassos. E aqui podemos supor que as exigências do papel idealizado de mãe as obrigam a se afirmarem mais equilibradas, embora todos os dados confirmem o contrário. As madrastas, sem o peso das expectativas do ideal de mãe, têm autocrítica mais acentuada.

E um dado curioso parece concordar: as madrastas de pais viúvos, mais próximas do papel de mãe, têm um autoconceito social maior do que as mulheres do pai, que se afirmam mais confusas.

> *A madrasta, de companheiro viúvo, entra na relação
> com os filhos com o valor da substituição e carrega
> o mérito social de mãe. As mulheres do pai não
> substituem, somam; mas, diante da ausência de
> referência social simbólica, "não são ninguém".*

---

[3] Nessa pesquisa, tanto a mulher do pai quanto a mulher que se casou com o pai viúvo são também chamadas pelo mesmo nome – "madrasta".

Relação civilizada?

Durante muito tempo se pensou que a definição dos papéis dentro da família e a hierarquia determinada por eles fossem o meio pelo qual as intensidades emocionais e as imprevisibilidades humanas pudessem ser contidas e controladas.

No entanto, o que se observou é que a extrema ordenação hierárquica dos papéis apoiava relações de abuso e funcionava como uma porta mediante a qual a fúria humana era canalizada e exercida, com todo o senso de "direito" sobre o dominado: filhos, mulheres, escravos, empregados etc. A estratégia dessas relações apóia-se na persuasão e na obediência.

Quando as transformações dos papéis dentro da família tiveram início, os fluxos afetivos passaram a ter mais visibilidade.

O "devo" e o "não devo" foram sendo aos poucos substituídos pelo "gosto" e pelo "não gosto".

> *A autoridade exemplar foi sendo substituída pela aceitação ou não das posições existenciais.*

Isso quer dizer que está cada vez mais claro que não existe um modelo de adulto perfeito, e os adultos conduzem sua vida de maneiras diferentes. Assim, a obediência foi substituída pelos valores do gosto. É por isso que hoje a educação tem se voltado muito mais para o respeito ao próximo em suas diferenças do que para a imposição de um modelo que sirva a todos.

O respeito ao próximo não significa deixar cada um na sua num isolamento individual. Ao contrário, o respeito ao próximo é a regra básica para vivenciar os conflitos inevitáveis da vida em comunidade.

> *O respeito ao próximo é o princípio básico de como meter o nariz na vida alheia sem destruí-la.*

Viver coletivamente significa interferir na vida do outro. O respeito ao próximo permite que isso seja feito sem esmagá-lo com intolerância e persuasão, e sim por meio do que socialmente se tem chamado de processo democrático: embates e acordos, estabelecidos coletivamente mediante negociações entre tensões, que podem ser alterados na medida das demandas afetivas, existenciais e sociais. Viver coletivamente significa aceitar vivenciar conflitos e ter disposição para fazer que a sua resolução seja um bem coletivo maior.

Portanto, nesse processo o querer tem grande peso, e a concessão também.

Quem sabe lidar com isso?

Os afetos e as vontades foram por muito tempo – séculos – associados à desordem, ao imprevisível e às injustiças. O que se pensava era que a educação deveria ensinar às crianças modelos de comportamento que pudessem conter a loucura do querer e do gostar.

Com o tempo, na medida em que a complexidade social concebeu as diferenças individuais e o respeito por elas, a educação apoiada em modelos foi sendo substituída pelo valor do respeito às normas. Esse respeito às normas deveria proteger as diferenças individuais sem preferências, ou seja, a imparcialidade foi sendo tomada como garantia do respeito ao outro e de um bom convívio social e institucional, inclusive na família.

Tratava-se de uma idéia de justiça como impessoalidade, e a determinação das funções orientadas pelas normas dentro da família sustentava essa impessoalidade: não é a Maria que gosta disso ou daquilo, é a Mãe que sabe o que pode ou não pode.

As diferenças pessoais não deveriam provocar diferenças nos modos de organização do convívio, porque implicariam egoísmos e caprichos, por exemplo. Contudo, aceitavam-se diferenças "subjetivas". Assim, o isolamento apoiado na liberdade subjetiva era alimentado à medida que o convívio tornava-se imparcial. Trata-se do sujeito autoabsorvido cuja ambição máxima é a independência.

Mas, conforme as relações familiares e sociais vêm se transformando, as regras do jogo também estão mudando. As funções tradicionais da família e as normas de convívio já mudaram. E ninguém sabe mais as normas que porta. Essas mudanças estão revelando as pessoas, e as relações, que antes eram modelares ou normativas, estão ficando cada vez mais pessoais: o pai não gosta disso, mas a mãe deixa; com o pai, posso agir assim, com a mãe, não; a mãe da minha amiga não se importa, mas a minha, sim.

As relações pessoais trazem consigo os critérios do gosto na organização do convívio, embora ainda existam algumas referências a direitos e responsabilidades para a mãe, o pai e os filhos. No meio dessas transformações, das alegrias e dificuldades em lidar com a ênfase nas relações pessoais, essas referências ainda favorecem os pais para que possam recorrer, nos momentos mais difíceis, a alguma autoridade mais hierárquica e impessoal.

Mas e quanto à mulher do pai?

> *A ausência de papéis modelares ou normativos que caberiam à mulher do pai permite que dela tudo seja exigido, a ela tudo seja negado e tudo se torne pessoal.*

A influência da tradição da impessoalidade, de que tratamos anteriormente, leva-nos a tentar resolver os problemas mediante regras universais que definam a relação dentro da situação. A idéia é de que essas regras e esses papéis ajudam a expulsar os demônios da vida pessoal. Talvez ajudem, mas, quando acreditamos que os demônios foram expulsos, eles estão na verdade escondidos, agindo disfarçados sob o manto ordeiro.

Pois bem, nas relações com a mulher do pai não existem resíduos capazes de indicar direitos e deveres. Mesmo o resíduo da madrasta não lhe serve, porque ela definitivamente não está ali para substituir a mãe.

Não se sabe sequer se ela faz parte da família!

O sentimento de proximidade do caos é maior, e todos os temores associados à pessoalidade são atribuídos à mulher do pai, como: egoísmo, parcialidade, caprichos e perseguições de todos os tipos.

O que a mulher do pai pode ou não pode fazer, o que ela deve ou não deve, o que merece ou não merece? Como nada disso está instituído, e nem sequer existem resquícios de instituições antigas que norteiem as relações com a mulher do pai, a emergência do querer e da vontade é intensa aqui, talvez mais sensível e mais visível.

Talvez mais dramática. Talvez mais libertadora.

Quando uma mulher passa a ser a mulher do pai e a enfrentar os desafios que essa situação cria, muitos sinais vêm abrir seus olhos por meio de amigas e de conhecidas que passam pela mesma situação. Como não existem referências para ancorar essa nova posição na constituição familiar, só outra "mulher do pai" será capaz de compartilhar o esforço de entendimento das peculiaridades das situações de conflito e dos sentimentos ambíguos que essa posição pode trazer.

É muito difícil se expor a tantas e vagas exigências, pouco claras, quando aplicadas à mulher do pai. É realmente enorme a quantidade de relacionamentos rompidos diante das dificuldades que surgem.

Então, a mulher do pai busca apoio entre outras que estejam nessa mesma posição. E esse apoio surge quando ela menos espera, revelando que as dificuldades que enfrenta não são exclusividade sua, mas de uma situação cultural que o mundo atual propõe. Surge quando uma mulher do pai resolve falar e se surpreende com o que encontra.

Uma amiga me contou que a diretora da escola dos filhos do marido o chamou para conversar, logo no início do seu relacionamento. Estava preocupada com uma reação intempestiva e inesperada da menina e, depois de uma boa conversa com ele, a diretora resumiu com um conselho e um desabafo:

— Já passei por essa situação, foi muito difícil lidar com a filha dele e acabamos nos separando por causa das dificuldades que tivemos. Tome cuidado, e espero que isso não aconteça com você.

> *Foi o primeiro alerta de que sua situação como mulher do pai não se tratava somente de uma dificuldade individual, mas social.*

Tratar da posição da mulher do pai numa instituição como a familiar, tão próxima do turbilhão emocional, não é tão simples como pode parecer à primeira vista. Parece fácil quando se acredita que a "distância" da polidez pode resolvê-la, por meio da impessoalidade e das boas maneiras.

Parece fácil quando acreditamos que podemos ter controle seguro de nossos sentimentos, nossas ações, nossas idéias, bem como de quem somos ou podemos ser.

Está certo que as boas maneiras podem conter impulsos, fantasias, idéias destrutivas. Mas não são suficientes para elaborar as nossas angústias. Angústias que podem nos levar a abandonar um projeto de vida em comum.

O fato é que a vida emocional humana é intensa aos extremos.

Essa intensidade emocional pode ser considerada a principal característica humana. O filósofo Edgar Morin chegou a definir o homem como *sapiens-demens*: parte cosmos, parte caos. Quer dizer: capacidade de ordenar e capacidade de desordenar o que estava ordenado, abrindo espaço para o surgimento de novos cosmos. Por isso, "demência" aqui não deve ser entendida como "o mal" que deve ser combatido pela sapiência. Ao contrário, nela está a capacidade para a incerteza, para a superação de uma razão de ser limitada, permitindo a renovação das ordens ultrapassadas. A capacidade para a incerteza é um grande valor aqui, pois nela estará apoiada a humildade para aprender com a vida, para conhecer melhor o homem e o mundo, para perdoar e para resistir. A incerteza é o antídoto contra o egocentrismo e os estragos que ele produz. O egocentrismo impede laços de solidariedade. Ele isola e destrói, porque não permite ações cooperativas. Elege os iguais nas suas certezas e abre uma guerra contra os outros, os diferentes.

Muitas vezes, o que acontece é que a dificuldade de entrar em contato com a incerteza faz que utilizemos uma ordenação qualquer como meio pelo qual a demência se exerce.

> *Este é o pior aspecto da demência: o aspecto da ordem pelo bem, porque a favor da ordem pelo bem todos os males podem ser exercidos.*

São muitas as violências cometidas em seu nome. Extermínio étnico e intolerância religiosa são as mais comuns hoje em dia.

A sapiência, a demência, a imprevisibilidade, a intensidade emocional e a compreensão fazem parte de cada um de nós. A humanidade é assim, é o que nos caracteriza. Somos sábios e loucos. A idéia de que é a racionalidade ou a capacidade de ordenação que nos caracteriza foi um erro filosófico que nos colocou nas situações mais absurdas: contra o ímpio, o diferente, o corpo, permite-se a barbárie.

> *A capacidade de renovar as ordens também é característica humana, e é ela que nos faz evoluir: é a loucura sagrada que nos leva adiante.*

A falta de humildade diante da nossa fragilidade levou o orgulho ordeiro aos assassinatos mais cruéis. Tudo pode ser feito contra o mal. Quando a demência é concebida como uma ameaça exterior, e não de cada um de nós, deve ser vencida a ferro e fogo. Pode-se exterminar povos, queimar bruxas, torturar e difamar em nome de um bem impessoal qualquer.

Essas situações não são privilégio da história. Elas ocorrem diariamente nas relações mais pessoais, como aquelas de dentro da família.

Emergência mítica

A orientação mítica é muito importante, ela não se limita a estabelecer padrões de comportamento a serem repetidos, nem uma série de regras e normas a serem seguidas. O que o mito oferece é uma orientação simbólica e vital. Não existem mitos que situem a mulher do pai. Isso porque os mitos dependem do rito: do modo de fazer. A posição da mulher do pai é muito nova, e no dia-a-dia o "fazer" no qual está envolvida exige a emergência mítica que a signifique. Não se trata de lhe estipular regras próprias, nem modelos de comportamento ao qual tenha de se adequar. Trata-se da constituição de um universo simbólico que a capture e a faça pertencer.

O mito ajuda as pessoas a se situarem significativamente com relação à situação, a elaborar suas posições, seus desejos e angústias. Ajuda a orientar as forças emocionais e afetivas em curso, favorecendo a elaboração das posições em um processo.

O rito é o fundamento do mito. É o fato associado ao significado do mito. E o fato é o modo como estamos juntos, como convivemos, como fazemos. O mito é a história que diz sobre esse modo de estar e fazer e explica esse conviver. O desenvolvimento da cultura humana está apoiado sobre o rito e o mito. O fazer e o significado agregado ao fazer. O mito e o rito surgiram quando concebemos a morte e a superamos, vislumbrando um "duplo de nós mesmos" em "outro mundo", capturando-o por meio do universo simbólico, da linguagem, da arte. Surgiram quando os primeiros homens começaram a pintar sua orientação no mundo e no "outro mundo", manipulando o percurso entre eles, ritualisticamente. Esse trajeto é habitado pelos arquétipos: desde teoremas até deuses e idéias, que ocupam tanto o nosso corpo como as representações fora dele nas imagens constitutivas da cultura.

A urgência de pertencer de qualquer forma leva algumas mulheres do pai a se aproximarem da madrasta e das suas questões. Mas temos visto que as histórias de madrastas clássicas definitivamente não sustentam miticamente a situação da mulher do pai, devido a suas duas orientações básicas: a mãe má e a mãe substituta.

> *É melhor permanecer na posição aberta e indefinida da mulher do pai, da qual a novidade mítica poderá surgir, do que se aprisionar no lugar conhecido e inadequado da madrasta.*

Já sabemos que a representação simbólica da madrasta dos contos de fada ajuda as crianças a elaborarem os aspectos repressores e competitivos da relação entre mãe e filha. A madrasta das histórias infantis é a mãe disfarçada, porque é difícil para uma criança elaborar os sentimentos hostis com relação a quem também cuida dela. É difícil para a criança elaborar o ódio que sente pela mãe e percebe dela, a quem também ama e da qual depende. Mas a mulher do pai poderá ser empurrada por essas forças sombrias dos sentimentos ambíguos para o lugar da madrasta, para o lugar da mãe má, aliviando a barra da mãe. Diante dos conflitos com a mãe, os sentimentos ambivalentes da criança serão expressos em sonhos, fantasias, algumas fobias – e na mulher da pai.

> *A dificuldade de lidar com a ambigüidade afetiva leva a criança a transferir os maus sentimentos com relação aos pais para algum outro lugar: para o bicho-papão, para o inseto, para o escuro e também para a mulher do pai.*

A criança pode projetar na mulher do pai os maus sentimentos que tem pela mãe, deixando-os vir à tona mediante essa relação menos comprometedora, numa fantasia concreta. Não que a mulher do pai seja uma tela em branco na qual a criança projete fantasias, com as quais ela não tem nada que ver. A mulher do pai também sente raiva, também se chateia, e a criança percebe isso. Essa é a entrada para a transferência dos seus conflitos com a mãe, é a entrada para que a criança deposite nela todos os seus temores.

O fantasma indefinido é que a mulher do pai parece mãe, mas não é. Impõe limites, mas não tem a responsabilidade vital. Faz cara feia e não transborda de demonstração de amores maternais. Como "ela não é nada" mesmo, poderá ser facilmente convertida de maneira simbólica na mãe má, aliviando a criança das angústias que ela experimenta com a própria mãe.

> *A presença da mulher do pai, como a mãe má, alimenta a ilusão de uma mãe maravilhosa, de uma infância plena de felicidade em um passado familiar feliz que nunca existiu.*

Essa transferência é muitas vezes alimentada pela mãe, com o mesmo propósito de amansar os próprios conflitos emocionais vividos com os filhos.

E se você for uma mulher do pai e não tomar cuidado cairá na armadilha: chata é você que não deixa, chata é você que atrapalha tudo, chata é você que não é a mãe.

E isso serve para o pai, também.

Assim, você poderá ser a representante simbólica dos sentimentos proibidos não só das crianças e da ex, mas também do seu marido: não são os filhos que causam frustração, é você, e se tudo não foi uma maravilha foi por sua culpa.

Mas lembre-se de que o mesmo poderá acontecer com você em relação a eles. Se estiver no auge da paixão, ele não pode ter defeitos, somente as crianças e a ex dele podem atrapalhar...

Imagine o bolo afetivo que começa a fermentar.

O mito da madrasta, apoiado na substituição, supõe um sistema hierárquico e fechado. Muitas mulheres do pai não querem ser chamadas de madrasta, o que parece uma opção simbolicamente acertada.

> *O mito da madrasta convinha muito na elaboração da mãe má nas famílias nucleares e pequenas: pai, mãe e poucos filhos, em que o peso da responsabilidade recaía, sobretudo, na mãe – que, por isso mesmo, muitas vezes se comportava como bruxa.*

A idealização da família nuclear carrega a idéia de uma família perfeita, a "família feliz". Essa idéia da família feliz provoca um efeito nostálgico em muitas pessoas, uma saudade que aprisiona num passado inexistente, numa possibilidade jamais realizada.

Assim, muitas mulheres sofrem com a nostalgia de uma grande mãe abnegada, que poucas, para não dizer nenhuma, conseguem ser – mas acreditam ser. Ou seja, uma fantasia sobre a qual é depositado muito valor social leva as mulheres a acreditarem que são o que não podem ser.

> *Pois bem, a presença da mulher do pai ameaça a fantasia e a frustração das mães comovidas com o modelo idealizado da "grande mãe".*

A presença da mulher do pai na vida das crianças, sua participação inevitável na formação delas, confronta a imagem auto-suficiente da grande mãe. Mesmo porque será inevitável que em alguns – ou muitos – aspectos sua influência se dirija a diferentes direções. A mãe das crianças e a mulher do pai podem gostar de diferentes músicas, programações de TV, livros, religiões, modos de vida. Sem falar nas intervenções diretas no comportamento, cuja orientação para uma está bem e para a outra não está.

Muitas mães que se sentem ameaçadas nesse modelo da grande mãe auto-suficiente alimentarão a idéia de que a mulher do pai é errada e inferior, cultivando sua auto-imagem como a da grande mãe poderosa.

> *Na medida em que esteja identificada com a "grande mãe", a mulher do pai também sofrerá com a impossibilidade da sua realização com os filhos do marido e poderá competir com a mãe a respeito da perfeição idealizada.*

Existe uma diferença entre a família ideal que ocupa o nosso imaginário e a família real, mesmo que as famílias reais sejam muito mais numerosas do que alguma que esteja mais próxima do ideal de família: pai e mãe juntos, bem-sucedidos, emocionalmente equilibrados, inteligentes e com um ótimo relacionamento entre si.

O desejo idealizado da família nuclear dificulta a percepção das necessidades e das possibilidades das famílias reais e o desenvolvimento humano por meio dos relacionamentos dentro das novas famílias.

> *Não podemos pensar em como favorecer um bom desenvolvimento humano, nas várias situações da vida, enquanto acreditarmos que ele só é possível dentro da família nuclear.*

Todos precisamos rever nossas representações sobre família; caso contrário, os problemas de relacionamento com as situações que surgem se agravarão, e o que persistirá será uma sensação de deficiência de um ideal de felicidade. Apoiar-se sobre o modelo da família nuclear é um modo de fugir das novas exigências que as mudanças apresentam. E fugir num saudosismo pode até aliviar momentaneamente, mas impedirá a percepção de novos laços favoráveis e a criatividade humana de encontrar soluções singulares, próprias para a novidade inevitável.

> *O fato é que os divórcios e a entrada da mulher do pai abriram a família nuclear e desfizeram a relação entre deveres e obrigações sustentados numa hierarquia fechada.*

As crianças passam a ter muitas pessoas responsáveis por elas: mãe, pai, mulher do pai, marido da mãe, irmãos mais velhos de todos os lados, mãe da madrasta, mãe do padrasto, avós etc. Se, num primeiro momento, parecia que a família havia diminuído com o divórcio, o que aconteceu depois foi que, com os novos casamentos, a família acabou aumentando.

As relações de responsabilidade nessa nova dinâmica familiar não obedecem a um sistema hierárquico e linear.

> *Trata-se de um sistema de responsabilidades em rede, maior, mais aberto, mais complexo e mais instável.*

Portanto, a transformação real da família exige a revisão das referências míticas. Essa revisão requer que as pessoas olhem com sinceridade suas próprias expectativas e frustrações quanto ao seu contexto familiar. Então, será possível que a novidade seja situada e representada.

A família em que muitos de nós vivemos não é a mesma da qual falamos. É fácil constatar a diferença entre o que vivemos e o que deveríamos ter vivido. É preciso superar essa contradição, ou seremos continuamente empurrados para um lugar que não existe, mas onde acreditamos que deveríamos estar, causando frustração ainda maior.

Caso contrário, o resultado é que no convívio todos exigirão uns dos outros perfeição impossível, ou cobrarão a culpa pelo fracasso. A ex reforçará as dificuldades que percebe na nova família do marido, a qual não oferece a seus filhos a felicidade familiar que ela própria não viveu. A mulher do pai culpará a ex e as crianças de estragarem o seu sonho de felicidade. O pai amargará o arrependimento de um ex-casamento que o aprisiona e a frustração com uma nova união que não realiza a felicidade plena etc.

O fato é que hoje todos convivemos com representações antigas e novas da família. Se imaginarmos que esses modelos funcionam como mapas que norteiam o relacionamento em família, veremos que nos desorientamos porque consultamos mapas diferentes e divergentes: um mapa que favorece um caminho antigo, e novos mapas que oferecem novos caminhos, mais incertos, porque ainda estão em elaboração.

> *Quando se trata de uma família mosaico, que vem de casamentos desfeitos, qual mapa poderá favorecê-la? Qual é o lugar de cada um na dinâmica das novas famílias? Para onde se dirigem? E, especialmente, qual é a direção da mulher do pai?*

O mapa da família nuclear colocava o pai no caminho da vida pública e exterior, e a mulher no caminho da vida íntima e privada. Cada um possuía uma orientação sobre para onde ir e como se colocar, que favorecia critérios claros sobre o que exigir e a quem culpar pelo descumprimento do trajeto sugerido pelo mapa.

Mas o processo de modernização cultivou a concepção do homem como indivíduo. E os indivíduos, homens ou mulheres, têm a responsabilidade de cultivar suas capacidades independentemente dos papéis de gênero, mediante o desenvolvimento das competências individuais.

> O "outro", que até então desempenhava papel complementar no exercício de tarefas específicas, passa a ser alguém que pode atrapalhar a trajetória do indivíduo com exigências inesperadas.

Essa visão de homem como indivíduo que ambiciona a liberdade foi mais assimilada nos centros urbanos, principalmente na classe média, com maior capacidade econômica para sustentar a independência.

O cultivo da independência individual reforçou a vontade de auto-realização e, com isso, favoreceu a instabilidade das fronteiras estabelecidas pelos papéis sexuais da família nuclear. Na visão de homem como indivíduo, o que norteia as relações são as competências individuais e sua capacidade de solucionar problemas conforme essas competências, independentemente dos papéis sexuais.

A ênfase na individualidade desviou o foco das preocupações do outro consigo mesmo e com o desenvolvimento das próprias potencialidades. Assim, a proximidade do outro e as exigências que ela traz são vistas como um fardo que atrapalha o seu destino.

A sociedade dos indivíduos isolados também produziu uma sensação de efemeridade nas relações e nos laços afetivos. A idéia de que as relações têm uma durabilidade e podem ser dissolvidas em algum momento cultivou ao mesmo tempo a euforia diante das muitas possibilidades e o medo e a insegurança diante da instabilidade. Nas relações familiares, a mulher do pai talvez seja aquela que mais facilmente gozará e sofrerá da concepção de indivíduo: embora sinta o peso das obrigações com todos, "não faz parte da família".

Isso quer dizer que, numa via de mão única, poderá rebelar-se contra os laços que a prendem e não lhe oferecem satisfação, especialmente nenhuma satisfação simbólica.

> O "outro" – os filhos do marido e a ex dele – adquire o aspecto de fardo que pesa contra a individualidade da mulher do pai com muita intensidade, já que não há recompensa simbólica para o que poderia ser concebido como sacrifício.

Um sacrifício vale a pena em nome de um bem maior, mas qual é o bem maior destinado à mulher do pai nas relações com os filhos do marido? É isso que deverá ser inventado numa revisão mítica da família. Para tanto, será preciso rever o *status* da família nuclear e das posições nela limitadas.

Na nova família, da qual participa a mulher do pai, todos sofrem os apelos da autonomia individual e da responsabilidade pelos dependentes. Embora os pais sofram esses apelos divergentes, ainda podem apoiar-se em alguma medida, em resíduos dos papéis tradicionais e em satisfação simbólica.

> A mulher do pai não tem onde se apoiar e talvez seja quem viva mais claramente o conflito entre a autonomia e a dependência.

Por exemplo, com relação aos cuidados da vida privada, que ainda recaem como herança sobre a mulher, a mulher do pai será absorvida por essa exigência silenciosa, e sobre ela pesarão os cuidados quando as crianças estiverem na sua casa: alimentação, atenção, orientação. Mas ela não é reconhecida como alguém da família. Ela "não faz mais do que a obrigação", sem, no entanto, ter obrigação nenhuma. Nem uma gratificação simbólica.

> *O peso do isolamento e do absurdo paira sobre a mulher do pai: ela é sem ser.*

Para que uma revisão mítica tenha sucesso, será preciso primeiro entender que as mudanças que vêm alterando a instituição da família não significam o fim desta. O que está acabando é determinado modelo de família: a família nuclear indissolúvel, com pai, mãe e filhos sob o mesmo teto. Mas a dissolução dessa família permite nascer uma família nova.

Como é nova, muito nova – não tem sequer um século –, ainda não sabemos muito bem como é nem como se organiza.

> *Nessa nova família, a mulher do pai não substitui a mãe e ocupa uma posição absolutamente nova, para a qual não existe lugar na família antiga.*

Um lugar simbólico coloca a relação num lugar especial.

Sem ele, ela continuará sofrendo a sensação de estar em "lugar nenhum" ou numa situação radicalmente pessoal. Nas relações entre a mulher do pai e os filhos do marido, a organização do cotidiano e dos afetos ocorre aos trancos e barrancos, improvisadamente. A pessoalidade dessas relações evidencia o gosto, o querer, a arbitrariedade. Claro que tudo isso também acontece nas relações entre pais e filhos, mas estes estão protegidos pelo *status* simbólico. A mulher do pai não, e essa insuficiência simbólica também reforçará o caráter solúvel dessa relação.

Por exemplo, como continuará a relação da mulher do pai com os filhos do marido caso eles venham a se separar? Ela terá uma relação específica com as crianças ou eles serão vistos como um anexo do pai? Ao se separar de um, necessariamente deverá separar-se dos outros? Como os membros da família lidarão com uma situação como essa? A ex, mãe das crianças, estimulará a relação com ela? É permitido sofrer com isso? As crianças poderão desejar a companhia dela?

Numa relação tão íntima e tão solúvel como essa, os afetos são muito difíceis de ser vividos, assim como é em uma relação em que também é impossível ser "neutra"!

Sentiu o drama?

Muitas são as situações do cotidiano nas quais essas confusões acontecem.

Quando as crianças ligam para a casa do pai para dizer que estão com saudade, por exemplo, ligarão para ele para dizer que estão com saudade dele, ou de algum irmão – quando houver. Mas haverá, na maioria das vezes, uma proibição tácita de ligar para demonstrar saudade da mulher do pai, assim como ela não se sentirá à vontade para tomar a iniciativa de ligar para dizer que sente saudade. Nessa situação, o pai não sabe se passa o telefone para a sua companheira; as crianças não sabem se pedem para falar com ela; e ela não sabe se deve se colocar. E muitas mães, ameaçadas no *status* da "grande mãe", não estimulam essa demonstração, porque para elas a mulher do pai não faz parte da família das crianças.

Quer dizer, ela existe, está com as crianças o tempo todo, mas é como se não existisse e não pudesse ocupar um lugar afetivo e efetivo.

> *A mulher do pai está sem pertencer.*

É uma estranha, embora seja íntima.

Intimidade que pode servir para cobrar faltas cometidas, mas não para lembrar laços de cumplicidade.

Então, é preciso emergir mitos que coloquem a mulher do pai dentro da família, de uma nova família. A imagem da "família mosaico" tem favorecido a emergência mítica das novas famílias: oferece uma imagem e uma orientação simbólicas para as novas relações.

> *A imagem do mosaico é muito boa para substituir a do núcleo familiar: permite visualizar uma rede de relações descentralizadas.*

As fotos das festas de aniversário podem fazer parte da emergência mítica no cotidiano. A possibilidade de participação de todos na representação fotográfica ajudaria a emergir uma nova concepção mítica da família, mas é, no entanto, uma situação muito difícil para todos. Participei de uma festa de aniversário de um amiguinho da minha filha, na qual o pai fez questão de fazer uma foto em família sem a mãe, que não só estava presente como organizou a festa e convidou a todos! E, em outra ocasião, diametralmente oposta, a mulher do pai deu a festa, convidou a mãe e foi relegada na foto da família! Quer dizer, em nenhuma dessas situações as pessoas envolvidas tinham em mente um modelo novo de relações familiares, embora as estivessem vivendo. Algumas situações são ainda mais difíceis, quando pai, mãe e mulher do pai têm dificuldades pessoais insustentáveis de relacionamento. Neste caso, melhor não pensar que não se trata da mesma família, mas que em família nem sempre todos se dão bem e muitas vezes o melhor é não estarem juntos, não só nas fotos, mas nas festas. Conheço uma mulher do pai que vive essa dificuldade de tolerância recíproca e, assim, eles organizam festas separadas para as crianças. Uma pena, mas é o que é possível nas redes tortuosas dessa família mosaico.

Como sair da marginalidade

Os mitos (razões de ser) que orientam a trajetória humana na cultura estão enraizados em ritos (modos de fazer). Os modos de fazer são organizados nas formas do corpo, e estas são sustentadas na postura do corpo: nos músculos e no esqueleto.

Comecemos com uma situação concreta: quando lidamos com algum objeto-força, primeiro nos posicionamos. Se vamos empurrar um guarda-roupa, primeiro nos posicionamos com relação a ele. Essa posição determinará os parâmetros do espaço para a ação que realizaremos. Depois, a posição transforma-se em atitude, que é a preparação do corpo para a ação. Tudo isso é organizado na postura do corpo. Quando repetimos muitas vezes uma ação, o corpo toma sua forma. Assume a atitude que incorpora a postura da pessoa. Alguém que trabalhasse empurrando guarda-roupas ficaria com o corpo predisposto para isso: teria o "jeito" de quem vai empurrar um guarda-roupa. É assim que identificamos o jeito de quem joga futebol, o jeito do médico, o jeito do policial, da professora. Ou seja, a biomecânica também participa das relações entre corpos humanos.

As atitudes do corpo são organizações psicomotoras que nos fazem lidar com determinadas situações de certo modo característico. Precisamos preparar o corpo para lidar com situações pessoais, com forças humanas e sociais. É assim que identificamos o jeito de alguns personagens sociais mais característicos. Nossas atitudes existenciais são modos como sustentamos as forças do mundo significativamente por meio do nosso corpo e como manipulamos e direcionamos o que nos afeta.

> *As atitudes existenciais – como forma do corpo – mais comuns da cultura e da experiência humana podem ser entendidas como arquétipos que orientam a experiência coletiva.*

Tudo acontece no corpo significativo e no corpo significador.

Num primeiro momento, a orientação básica nas situações é determinada pela posição do corpo, que define o espaço para a ação proposta. No entanto, quando uma atitude está mais estabilizada, ela determinará a posição e o espaço significativo. Quer dizer, quem está acostumado a mandar tem jeito de quem vai mandar e assume a posição de quem manda. Quando uma situação é nova a ponto de nossas atitudes habituais não servirem e não sabermos como nos posicionar, sentimo-nos "deslocados", ou seja: "fora do lugar". Ficamos "sem jeito".

À medida que os modos de organização das forças humanas e sociais vão se alterando, como a instituição da família, que vem sofrendo muitas mudanças, as pessoas precisam inventar diferentes formas para lidar com as novas forças, com os novos modos de "estar para ser". Novas forças exigem novas posições e, com elas, novas atitudes. E ficamos todos "deslocados" por um tempo, ou seja: mal posicionados significativamente.

Sabemos mais ou menos como são os jeitos típicos em família: o "jeito da mãe", o "jeito do pai", o "jeito da avó", o "jeito da madrasta", como forma do corpo, como personagens sociais mais típicos que todos podem acessar, até mesmo numa brincadeira. Mas mesmo esses papéis tradicionais da família estão mudando, como já vimos; por isso, é comum que nas famílias muitos se sintam "desnorteados", ou seja: sem norte, sem orientação, sem saber como se colocar com o corpo diante das novas possibilidades de ação abertas aos homens, às mulheres e às crianças nas novas dinâmicas familiares. E, diante dessa desorientação, recorrem muitas vezes aos resíduos dos antigos arquétipos formativos coletivos para formar sua posição e, neste caso, sentirão que estão forçando um pouco a postura.

> *Mas a mulher do pai não tem nenhuma forma mais definida socialmente, nenhum jeito de corpo mais arquetípico, e é por isso também que ela "não é ninguém"!*

A qual atitude típica ela poderia recorrer? Certamente a de madrasta não é, e é bom que não seja, porque remete ao "jeito mau ou imperfeito". Ao jeito da grande mãe? Certamente não, e é bom que não seja, pois ela não é o grande colo acolhedor e protetor na perfeição "do amor incondicional".

> *Por enquanto, a posição da mulher do pai é, quase inevitavelmente, uma posição meio "sem jeito". Por isso a mulher do pai sente-se muitas vezes "deslocada": sem lugar, mal posicionada.*

E, por isso, sente-se instável e insegura. E é dessa incerteza que nascerá uma forma própria, diferente de todas as outras posições da família, mais ou menos estabelecidas. Mas é melhor que a mulher do pai sinta-se incerta do que impostora: forçando uma postura...

A mulher do pai irá sentir-se impostora quando, não sabendo o que fazer, forçar uma postura de mãe ou de madrasta da situação de família nuclear. Mas, na maioria das vezes, as mulheres do pai se sentirão deslocadas, o que significa: mal posicionadas e mal localizadas, sem saber o que fazer e como agir num espaço significativo mal elaborado.

> *E, antes de pensar que se sentir deslocada é um "erro", na verdade é uma condição inevitável, porque as mulheres do pai estão inventando um novo modo de estar em família que altera a situação familiar.*

Esse é um modo de entender o aprendizado por experiência e tentativas, em que algumas "dão certo", na medida em que proporcionam soluções participativas não "adesivas", e outras "dão errado", na medida em que não conseguem ser integradas. Quando estamos aprendendo uma ação nova, ao construir formas de estar em convívio, é inevitável que fiquemos desajeitadas por um bom tempo. E muitas mulheres do pai se sentem assim.

> *Esse processo pode ser entendido como um processo de construção de identidade, neste caso uma identidade social dentro das novas dinâmicas da instituição familiar.*

As incertezas quanto à posição da mulher do pai reforçam a sensação de marginalidade e exclusão. E criam muita angústia. Ou seja, a mulher do pai sente-se à margem da dinâmica familiar, enquanto balança sem forma própria.

E balança mesmo, balança tanto o corpo a ponto de sentir-se desequilibrada. E por que balança?

Porque nossos modos de ser significativamente no mundo são padrões de ação e movimento sustentados na organização muscular. São formas significativas integradas na postura do corpo. A postura corresponde aos nossos esforços para ficar de pé e para nos movermos sem cair. Mas somos uma máquina que se move produzindo significado. Ou seja, cada um fica em pé e se movimenta de forma peculiar, e é assim que conhecemos as pessoas pelo jeito delas e podemos imitá-las. Cada um bebe um copo d'água a seu modo, caminha a seu modo.

Essas formas significativas são pessoais e sociais.

Pessoais porque são cultivadas em ambientes pessoais e afetivos que exigem movimentos e tensões diferentes mediante esforços, composições e resistências direcionadas. E sociais porque vivemos agrupados e organizados em diferentes instâncias institucionais, e cada atitude corresponde a predisposições para intervenções diversas. É assim que as mães podem ser identificadas por jeitos mais ou menos típicos, apesar das suas diferenças pessoais, que também são identificáveis.

> *Mas a mulher do pai não: ela está encarregada de elaborar esforços pessoais e de integrá-los num lugar social, criando uma memória coletiva sobre essa condição de estar e ser: posição e atitude.*

Se ela balança e oscila tanto, se tem tanta dificuldade para firmar-se e sente-se tão insegura, é porque as formas significativas estão envolvidas com a postura básica do corpo, com os músculos que sustentam o esqueleto.

> *A mulher do pai fica sem jeito porque não sabe como segurar significativamente o esqueleto e as forças que o abalam.*

O esqueleto é segurado sempre por meio de formas significativas. Não saber como significar com o corpo compromete o modo como seguramos o esqueleto. E ele começa a balançar. Nesse balanço o sistema muscular testa formas, até que alguma delas consiga se estabilizar. Portanto, experimentar certa insegurança é fundamental para que uma solução apareça. Até então, tropeçamos, gaguejamos, sentimo-nos ridículos, e o melhor será, depois de sofrer um pouco, rir da situação.

As posições existenciais são lugares significativos sensíveis e visíveis na atitude do corpo. Elas determinam "de onde percebemos o mundo", selecionando os estímulos e direcionando-os no espaço significativo com o qual estão comprometidas, "dobrando" o espaço imparcial e fazendo-o significativo, existencial.

Qual é a posição social significativa da mulher do pai? Não existe.

> *Não existe um espaço significativo apoiado em posições socialmente elaboradas para a mulher do pai. E por isso ela não sabe como intervir. Ela tem de inventar esse lugar significativo, com o seu corpo, da instância mais íntima até a mais coletiva.*

As posições, atitudes e espaços significativos que já participam de uma memória coletiva são os arquétipos. São esses arquétipos que habitam o inconsciente coletivo e sustentam as razões de ser de cada um e da cultura. Então eles terão uma representação mais abstrata, por meio da linguagem, dos mitos e da arte; e também concreta, nas interações neurossensoriomotoras, nas formas de corpo que criamos e processamos no mundo, no convívio.

Trata-se de um imaginário formativo corporal afetivo e efetivo. A mulher do pai não tem um arquétipo que lhe corresponda. Ele precisa ser inventado.

E está sendo inventado por cada uma à medida que vivem os seus conflitos balançando, que elas conversam sobre sua condição, treinam ações e modos de participação, que constroem sua razão de ser e de estar com jeitos do corpo em família.

> *Não se trata de uma situação restrita ao universo íntimo, mas de um engajamento social: esta é a condição política da mulher do pai.*

Então, quando a mulher do pai não sabe como agir, quando fica sem posição, está com sua postura ameaçada, tropeça, não sabe como se mexer ou que gesto e cara fazer, ela pode cair. E será dessas ameaças de queda que emergirá seu modo próprio de estar e de ser.

> *Será da beira do abismo que uma solução surgirá para a mulher do pai.*

Será do medo da queda que brotará a esperança que a levantará. O medo da queda é real, ela está mesmo com a postura ameaçada, ela não sabe mesmo como segurar o esqueleto.

No entanto, quando sentimos nossa postura ameaçada, é muito comum acreditarmos que a situação ou a pessoa está tentando nos derrubar. Como se tivesse a intenção clara de fazê-lo. Óbvio que às vezes é isso mesmo, mas nem sempre. Muitas vezes é a própria novidade da situação e da presença da pessoa que nos ameaça, sem que se tenha a intenção disso. E são muitas as forças inusitadas que ameaçam o equilíbrio da mulher do pai, forças que ela não sabe como segurar e que a podem derrubar. Daí, dois caminhos são possíveis: ou permitir-se a insegurança para que o corpo aprenda com as tentativas o que fazer, ou reagir com força contra o empurrão, forçando uma posição mais conhecida qualquer. Neste caso, a mulher do pai poderá sentir-se perseguida, mal compreendida, acreditar que todos estão contra ela.

> *Talvez a mulher do pai reaja algumas vezes apoiada no papel salvador de mãe, talvez no de bruxa, ou outro mais familiar, quem sabe até no de "indiferente". Provavelmente, num momento experimente uma instabilidade criativa e noutro reaja fortemente, por meio do conhecido, para não cair.*

O fato é que muito tempo será preciso para que uma boa forma de mulher do pai se faça. E, com ele, muita angústia de queda, muita impetuosidade, muita dúvida e inúmeras tentativas serão feitas.

E voltamos para as festas de aniversário, muito parecidas com os eventos escolares dos filhos do marido, por exemplo. Nessas ocasiões, a mulher do pai depara com as dificuldades de saber com qual corpo, com qual jeito, com qual posição e atitude sustentará sua participação nos eventos nos quais toda a família estará presente. Na verdade, ninguém sabe qual é a melhor atitude para "segurar" o esqueleto, porque os "objetos-força" com os quais todos interagirão também são incertos. São muitas expectativas contraditórias entre si. Nessa situação socialmente nova, ninguém sabe ao certo o que esperar da mulher do pai, assim como ela não saberá qual a sua razão de ser ali nem o que esperar dos outros.

O que todos podemos ter certeza é de que ela jamais estará "neutra". Não existe forma de corpo humano "neutra". Nossas formas sempre significam algo. O máximo que ela conseguirá mostrar, nesse caso, é um esforço para "parecer neutra". E, se for nas primeiras vezes em que se vê nessa situação, sentirá um desconforto inevitável, que não é "frescura", é um risco de queda real que toca num medo atávico. Não há referência no imaginário formativo coletivo que prepare a mulher do pai para essas situações.

> *O máximo de referência que se tem é a pior: se não for a bruxa, a mulher do pai é a "outra", que é "ninguém".*

Algumas idéias ingênuas levam a acreditar que, para evitar o desconforto em situações como essa, a mulher do pai deveria ser autêntica ou espontânea, "ser como realmente é"... Mas quem realmente são as mulheres que ocupam a posição da mulher do pai?! A idéia ingênua é de que essa coisa que são desempenha algumas funções objetivas que não comprometem o que "são no fundo, no fundo", assim como o que são não deveria "atrapalhar" o exercício das suas funções objetivas.

E, assim, a mulher do pai é muito visível como pessoa, nas suas emoções, nas suas inclinações, nas suas peculiaridades, nos seus tropeços.

> *A grande visibilidade da mulher do pai é uma visibilidade marginal: ela é sem pertencer.*

Para ajudar a mulher do pai a sair da marginalidade, é importante ir adiante com as relações entre os conceitos de identidade e pertencimento. O século XIX esteve envolvido com uma busca de identidade comprometida com planos coletivos, que seriam os fundamentos da identidade: ser mulher, mãe, brasileira e ter sobrenome pareciam certezas mais "naturais" do que a fugacidade e as incertezas de ter individualidades isoladas. Quer dizer, as identidades eram constituídas na medida de inserções em totalidades de convívio, favoreciam um sentido de identidade mediante o pertencimento. Essas totalidades iam do gênero homem e mulher, passando por outras instâncias, como a família e a nação. Isso significava que ser brasileiro identificava mais do que ser João. Ser mulher identificava mais do que ser Maria. Ser mãe identificava mais do que ser Rosa. E essas instâncias mais abstratas eram tratadas como condição natural que definia as identidades. E tal condição determinava os laços que poderiam ser estabelecidos.

> *Quando essa noção naturalista de gênero, família e nacionalidade começou a ser questionada e transformada durante o século xx, a idéia de pertencimento, apoiada nesses laços "naturais", também sofreu uma mudança.*

Um dos modos como se tentou superar essa noção de identidade foi pelo cultivo da idéia de autenticidade individual. Ou seja, o que definia o ser autêntico não remetia mais a instâncias totalizadoras, mas a capacidades individuais. O indivíduo deveria reconhecer sua autenticidade única e irredutível à família, ao sexo ou à nacionalidade, e lutar contra a opressão desses pertencimentos totalitários. Tratava-se da idéia de que as classificações sociais oprimiam as pessoas, que deveriam então lutar para fazer valer a sua espontaneidade, contra as fórmulas convencionais que as aprisionavam.

Era o sistema opressão–libertação.

Hoje, a situação mudou um pouco. O que chama a atenção não é mais a tentativa de ruptura e liberação. O mundo contemporâneo já abriu espaço para a possibilidade de muitos modos de estar, de ser e de pertencer.

A família já mudou bastante, os gêneros sexuais já foram bastante questionados, e hoje já se aceitam bem mais as expressões homossexuais. O nacionalismo "natural" do século xix já foi bastante superado, enfim.

Façamos, então, um paralelo da mulher do pai com "brasileiro", e pensemos na concepção de nacionalismo: não somos "brasileiros" por causa de uma condição "natural", em que o Brasil fosse uma instância espiritual que nos concedesse identidade diante da nossa fragilidade como seres isolados. Somos brasileiros porque estamos no Brasil e esse estar é o fundamento da nossa razão de sermos brasileiros. E essa razão de ser deverá ser elaborada nas relações que esse estar proporciona. Não vem de cima para baixo a nossa brasilidade, mas das atitudes que somos obrigados a desenvolver para sustentar as relações que esse estar proporciona. Atitudes que determinam nossas posições dentro do amálgama de forças que constituem o Brasil.

Isso significa que, por estarmos num território brasileiro, com suas diversas etnias, com sua história econômica, política e cultural, com seu clima tropical, precisamos elaborar uma razão de ser brasileiros e nos responsabilizar por ela: é uma razão assentada em urgências, não em "essências naturais".

Assim como a mulher do pai: ela não pertence à família como uma condição essencial, mas porque está na família e não pode se eximir das suas urgências. Portanto, podemos continuar sendo nacionalistas e defendendo o Brasil, assim como defendendo as agregações proporcionadas pela família, sem sermos essencialistas e ultrapassados. O que não vale é achar que estamos num espaço imparcial e universal, porque então quem tiver potência significadora nos dominará... Aí estão os movimentos fundamentalistas e o novo imperialismo...

As urgências do homem contemporâneo não podem mais ser resolvidas pela autenticidade da espontaneidade de "dentro para fora" do sistema opressão–libertação. Até porque a opressão hoje não é autoritária, mas sedutora: fascina e desorienta com o consumo e com o espetáculo. Nossa urgência está nas condições de fazer uma trajetória singular agregadora que favoreça nossa orientação num espaço significativo: autêntico.

> A mulher do pai não é da família porque pertence à "essência" família, mas porque está fazendo a família. Diante das urgências, ela precisa elaborar a sua razão de estar para ser.

Como estamos no Brasil, não podemos fugir das forças que fazem o Brasil. Não somos sujeitos isolados e autônomos que podem se manter imunes e distantes do seu entorno. Não podemos ser autenticamente o que somos sem perceber que nossa autenticidade está relacionada ao nosso pertencimento: ao "estar junto".

Assim como a mulher do pai, o que ela será está relacionado ao seu pertencimento nas forças de convívio que chamamos de família.

Esse "estar junto" não é submisso a uma "essência" definitiva.

> Então, não podemos fugir do pertencimento por rmeio de um retorno a um "eu isolado", assim como não podemos fugir do isolamento do eu mediante pertencimentos definitivos e estáticos.

Então, a idéia de que a mulher do pai deve ser o que ela "é em si" está apoiada numa concepção de homem como um ser isolado, que expõe o que definitivamente seria por dentro. Mas estamos vendo que nossa razão de ser se assenta no estar, no modo como resolvemos continuamente nosso pertencimento.

A mulher do pai não tem um impulso interior que está sendo impedido de se expressar pela opressão coletiva. Ela tem dificuldades quanto a como pertencer.

> A mulher do pai não é oprimida, ela é "ninguém".

O seu isolamento só pode ser entendido na medida em que ela não sabe qual é a sua posição nas transformações da dinâmica familiar. Embora todos da família estejam passando por transições quanto à sua identidade, eles sabem de onde vieram, mesmo que não saibam muito bem para onde vão.

Mas a mulher do pai não sabe de onde vem nem para onde vai!

Muitos atribuem a essas transformações das identidades absolutas: nacionalidade, gênero sexual, família, uma situação de decadência e degeneração. E carregam a idéia de que a dissolução desses pertencimentos "naturais", que deveriam ser estáveis, estimula o egoísmo, a vileza, a barbárie.

> *A herança da concepção de identidade por meio de pertencimentos absolutos faz que muitas pessoas entendam as famílias de casais separados ou as novas famílias como "degeneradas", ou seja, fora do gênero.*

O fantasma da degeneração assombra a mãe que não é dedicada exclusivamente aos filhos, assombra os pais que não são os principais responsáveis pela manutenção da família. Mas à mulher do pai não cabe o fantasma da "degeneração", porque ela não faz parte da família!

> *A mulher do pai pode ser deslocada, mas não degenerada!*

O sentimento de degeneração amarra os pais em culpas e saudosismos que não cabem à mulher do pai. E talvez essa "liberdade" com relação ao fantasma da "degeneração" permita que a mulher do pai assuma mais abertamente seus problemas, seus medos, suas raivas e frustrações.

A ela não cabem as exigências que correspondem à mãe e ao pai: a exigência de impecabilidade que os atormentam, por exemplo, mesmo que eles não sejam tão impecáveis assim.

Essa idéia de que as transformações ocorridas significam degeneração para o mal revela uma profunda dificuldade de acompanhar os valores emergentes das transformações deste novo tempo. Revela o medo da queda que atinge a todos, que, por isso, buscam agarrar-se numa certeza qualquer. Vemos muitas reações fundamentalistas, que excluem os "de fora", em plena era de intercâmbio cultural.

No entanto, também são muitas as pessoas buscando e desenvolvendo outros vínculos de solidariedade e pertencimentos que não são restritos "aos iguais". Entre elas, aquelas das novas famílias da qual participa a mulher do pai, mediante os esforços para integrar os "outros", os "de fora" – essas famílias tocam profundamente nessa questão.

Numa conversa entre mães é muito mais difícil que elas assumam suas dificuldades, porque é tácita a expectativa de que sabem o que estão fazendo. Suas angústias, ambigüidades, dúvidas e cansaços podem ser, de repente, recebidos com desconfiança, como falhas imperdoáveis de uma louca varrida qualquer que não sabe ser "boa mãe": é "degenerada".

> *Como a mulher do pai está livre da degeneração, pois está mais para deslocada – e "deslocada" não é tão grave quanto "degenerada" –, pode falar mais sem se arriscar a ser muito malvista.*

Se diante de tudo isso é possível concluir que esses laços são frágeis e dificultam o aprofundamento afetivo, podemos também dizer que a mulher do pai pode "arejar" a tensão familiar, porque ela pode falar das dificuldades com menos medo e com a autonomia de quem pode sair – em tese.

> *A mulher do pai pode arejar a família, desde que a ela seja permitida voz, uma voz diferente que não está a serviço do pai ou da mãe. Para isso, será importante que rejeite a condição de excluída "natural".*

Uma questão de identidade

Quando falamos em identidade e pertencimento da mulher do pai, não podemos fugir da concepção de identificação, e são muitas as teorias que tentam explicá-la. Aqui, entendemos que a identificação acontece por meio da imitação e da composição.

A identificação por imitação ocorre quando as pessoas assimilam aspectos, traços e características de outra pessoa. As crianças desenvolvem identificações por imitação quando copiam comportamentos dos adultos com quem convivem ou que, por algum motivo, admiram.

E imitam com o corpo, com o jeito do corpo.

É assim que uma criança desenvolve alguns jeitos da mãe e do pai que são fáceis de reconhecer. No entanto, as crianças não imitam uma só pessoa a vida toda. Elas imitam as pessoas mais próximas das relações familiares e também aquelas do seu convívio social: vizinhos, professores etc.

Mesmo depois de adultos, ainda continuamos a desenvolver processos de identificação por imitação, com amigos, com colegas de trabalho, com personagens da arte e da literatura e nos relacionamentos amorosos. As diferentes identificações propiciam a assimilação de diferentes modos de ser no mundo e de exercer uma razão de estar.

Dentro da família, as mulheres identificam-se por imitação tanto com o papel de cuidar da casa quanto com o papel de profissional bem-sucedida. Trata-se de uma situação em que precisamos desenvolver um corpo capaz de se articular de jeitos bastante diferentes... E sabemos que isso não é muito fácil!

Outro processo de identificação é por composição.

Já entendemos que lidamos com as forças humanas com o mesmo sistema de movimento com que lidamos com os objetos: nosso sistema sensoriomotor. Na família, nos *pré-paramos* para lidar com o jeito da mãe, do pai, dos irmãos, no mesmo processo como nos *pré-paramos* para empurrar um móvel ou mudá-lo de lugar. Essa preparação é a atitude. Quando lidamos muito tempo com um mesmo conjunto de forças que exigem mais ou menos os mesmos esforços, identificamo-nos com eles. Ou seja, acreditamos que são o "eu". Trata-se da identificação com a atitude e, por conseqüência, com a posição que ela determina: com o espaço significativo que ela nos coloca.

Portanto, as possibilidades de a mulher do pai desenvolver processos de identificação por imitação são muito restritas. Não existem referências sociais para essa posição – embora ela possa se identificar com o papel de "mulher", que se responsabiliza pelos cuidados cotidianos e pelas respostas afetivas, por exemplo.

Mas sua identificação com essa condição original será mais facilmente elaborada por composição, durante o convívio com as forças da nova família. Esse convívio levará os seus esforços pessoais da esfera íntima para a vida social, quando as mulheres do pai elaboram sua posição nas conversas, nos encontros, na troca de experiências com outras mulheres do pai.

O resultado será uma solução grupal, social e cultural, mesmo que as características pessoais sejam mantidas. É na instância social que esse processo de constituição de identidade será um processo político.

As relações de identificação com a mulher do pai envolvem outras questões de identificação com os demais membros da família. As crianças, por exemplo, desenvolvem atitudes por complementação com as pessoas com quem convivem mais proximamente. Seu corpo fica *pré-parado* para lidar com os movimentos do corpo dessas pessoas próximas. Se elas vivem com a mãe, estarão mais preparadas para o seu jeito.

Para ilustrar a situação, imagine uma criança contida com uma mãe impulsiva. Em outras palavras, as atitudes da mãe atuam sobre a criança como força-objeto, com relação às quais a criança forma um corpo capaz de lidar com essas forças: são as atitudes complementares. Assim as atitudes atuantes na relação entre mãe e filha ficam compostas: postas juntas num sistema próprio.

Embora esse sistema seja estável, não significa que seja agradável, pois pode ser mantido por conflitos muito desconfortáveis: uma mãe assustada que cria na filha atitudes de confiança para tranqüilizar a mãe e atitudes de violência para justificar o seu medo, por exemplo, ou uma mãe que se coloca por baixo e cria na filha uma atitude de superioridade e tendência à humilhação.

Então a criança imita e compõe, e assim vai desenvolvendo a constituição da sua identidade. Uma identidade completamente comprometida com seu universo de convívio.

> *Quando a mulher do pai entra na família, querendo ou não abala a estabilidade dos sistemas de equilíbrio, assim como os seus próprios sistemas são abalados.*

Isso acontece em qualquer relação com muita proximidade.

Ou seja: os espaços significativos serão alterados na medida em que todos forem levados a rever suas atitudes, e com elas a posição que ocupam nesse espaço. Alterados os espaços significativos, todos se sentirão "desorientados", como se "perdessem o chão", como se "o mundo virasse de cabeça para baixo".

> *Os filhos do marido entram na sua casa, preparados para lidar com "um outro" com o qual estão mais acostumados. A mulher do pai recebe as crianças, preparada para lidar com "um outro" com o qual está mais acostumada – e todos são surpreendidos.*

Não é de estranhar, portanto, que as crianças esperem da mulher do pai atitudes parecidas com as da mãe. Não que elas "queiram", intencionalmente, mas seu corpo está *pré-parado* para isso. Imaginemos uma situação em que a mãe sinta muita "peninha" das crianças. Então elas serão mais coitadinhas. A mulher do pai, vendo os "coitadinhos", será levada a sentir peninha e entrará no mesmo sistema. Imaginemos que a mãe sinta medo das teimosias e chantagens emocionais dos filhos. Então as crianças serão levadas a ter atitudes tirânicas. A mulher do pai, vendo os tiranos, sentirá medo e entrará no mesmo sistema. Entra, mas geralmente não fica. Não fica porque seus sistemas também têm alguma estabilidade e exigirão respostas adequadas a ele – é uma via de mão dupla.

E será travada uma batalha intensa, em que todos serão desestabilizados. Essas desestabilidades mexem com o cotidiano e nem sempre são resolvidas do melhor modo nos primeiros momentos.

Um dia estávamos conversando num grupo de amigos sobre essas questões, e uma mulher do pai contou o que aconteceu no primeiro dia em que foi a uma festa da escola, numa comemoração do Dia dos Pais.

A mãe também foi. Ainda não estava acostumada com a vida do ex de um lado, e a vida dela de outro.

Todos ficaram constrangidos. Inclusive a mãe. A filha sentiu o constrangimento e se posicionou para "apoiar" a mãe. Esta resolveu o constrangimento colocando-se como preocupada com a filha. Depois disso, exigiu que a mulher do pai nunca mais se aproximasse da escola, nem para levar as crianças na segunda-feira quando dormissem na casa dela aos domingos!

— Para proteger o espaço das crianças — disse a mãe.

Tratava-se de um espaço significativo que a presença da mulher do pai abalou. Abalou provocando constrangimento. A mãe não sabia como se colocar diante dela. Sua posição no espaço significativo foi ameaçada. E, com isso, foi abalado o equilíbrio do corpo. Diante da ameaça de queda, a filha quis sustentar a mãe, e as duas reagiram na tentativa de fazer que a mulher do pai simplesmente não existisse.

A mãe tinha em mente que o espaço significativo das crianças correspondia àquele definido pela esfera de influência da sua posição.

No caso desse exemplo, antes de a mulher do pai freqüentar a escola, as crianças já conviviam com ela na sua casa, nos finais de semana. Elas estavam mais familiarizadas com a mulher do pai. Ou seja, já participavam de outro espaço significativo que poderia ser integrado com o espaço significativo da mãe, no encontro na escola. Mas não foi isso que aconteceu.

Não se trata de uma questão moral, suscetível de aplauso ou reprovação. É uma questão de equilíbrio. E o equilíbrio humano não é um processo fácil: perder a orientação quando é rompido um espaço significativo desencadeia um medo intenso e impulsos instantâneos de reações precipitadas para recolocar "tudo no lugar".

> *Mas não é só a mãe que pode reagir empurrando a mulher do pai para a "não-existência". A dificuldade da mulher do pai em lidar com a mãe também pode conduzi-la na direção dessa solução impossível.*

Outro aspecto que precisa ser levado em conta com respeito à identificação por composição: quando as crianças vêm passar o fim de semana, elas estão num processo que podemos chamar de inércia, estão no ritmo de movimento das atitudes que se alinham com as atitudes na casa da mãe.

Ao chegar, são levadas a rever suas atitudes, ou a tentar impor esse mesmo comportamento.

É a lei do movimento: rever atitudes do corpo compromete a postura e o espaço significativo, ameaçando o corpo de cair. É como se estivéssemos empurrando um carro que, de repente, arranca, e então caímos. Para não cair, as crianças reagem forçando a existência do objeto que empurram.

> *Ou seja: empenham os seus esforços para que a casa da mulher do pai (e ela mesma) corresponda à da mãe (e à mãe).*

Se você é uma mulher do pai, já passou pela situação na qual a criança se esforça para transformar a sua casa numa repetição da casa da mãe. Ela vai fazer uma confusão no supermercado porque você comprou uma manteiga diferente daquela que a mãe costuma comprar. Vai querer que você arrume os talheres como a mãe. Vai mentir que a mãe tem aquele CD bacana que você acabou de comprar, que tem uma saia, uma blusa, um livro, qualquer coisa que você tenha e implique um modo de vida diferente.

A mãe ou toda a família da mãe.

Você comprará uma tacinha nova de sobremesa e ela dirá que a avó comprará tacinhas iguais. Você colocará um sobretudo e ela dirá que a mãe dela tem um igual. Sua cunhada comentará sobre a escola na qual o filho estuda, e ela mentirá que o irmão da mãe também estudou lá.

Tudo isso pode ser indício de uma dificuldade de lidar com as variadas forças intencionais, de se articular em diferentes espaços significativos. Mesmo sabendo disso, se você é uma humana comum ocupando a posição da mulher do pai, poderá se irritar. Você se sentirá como se fosse empurrada ou colocada sob um lugar que não é o seu, e o empurrão poderá derrubá-la ou esmagá-la com o peso da mãe.

Uma colega de trabalho, mulher do pai, contou-me a seguinte situação. Um dia, num momento de descontração em que estava dentro do carro com a menina, esperando o marido ir rapidamente ao supermercado, uma vozinha singela a surpreendeu:

— Quando o meu pai namorava a minha mãe, ele gostava mais dela do que de você.

Ela manteve a tranqüilidade, pensando que era só uma criancinha provocando, elaborando a situação, além do fato de esse assunto não ser mais novidade. Então disse calmamente:

— Mas hoje, que ele está comigo, ele gosta mais de mim.

A menina silenciou por alguns segundos, mas não se ou contente, queria guerra.

— Mas ele gosta mais de mim do que de você.

A mulher do pai se percebeu imaginando a criança transformando-se num monstro, mas ela ainda manteve o controle aparente, embora suas emoções estivessem querendo chutá-la para fora do carro. E deu calmamente a resposta de sempre:

— E-le gos-ta mais de vo-cê co-mo fi-lha, mas mais de mim co-mo mu-lher.

A criança, então, percebeu que daquela vez a mulher do pai não perderia o controle, e desistiu, por ora. A menina continuou a falar sobre a mãe em todas as oportunidades, principalmente nos piores momentos, como quando estavam num clima íntimo no café da manhã:

— Pai, a mãe mostrou as fotos de quando vocês namoravam.

Silêncio na mesa.

Ela olhou para a mulher do pai, esperando a sua reação, mas ela não reagiu.

E continuou:

— Pai, por que é que você só batia fotos do rosto dela?

Ele fingiu não ouvir, não sabia o que fazer, e silenciou, na vã esperança de que o café da manhã pudesse continuar no bom clima em que estava até momentos antes. A mulher do pai esperou que ele respondesse. Ele esperou que a filha desistisse. Mas ela não desistiu, e ele não respondeu.

— Pai, por que é que você só fez fotos do rosto da mãe? Pai...

Até que a mulher do pai não agüentou mais a tensão de todos e soltou, sem que houvesse tempo para se controlar:

— Para esconder a barriga.

Ela perdeu o controle, falou o que não devia. A bomba explodiu, ficaram todos atônitos. A menina reagiu gritando que a mãe não era gorda, e o café-da-manhã implodiu.

Dependendo do caso, as relações de identificação por imitação podem criar muitos atritos na vida da mulher do pai. Freud, o criador da psicanálise, acreditava que a constituição da identidade das crianças estava associada à sexualidade, com base no que ele chamava de complexo de Édipo. A teoria de Freud ainda está valendo no embate entre as teorias. Na verdade é uma das mais influentes; por isso, vale a pena dar uma olhadinha...

Em síntese, ele acreditava que, quando as crianças entravam em contato com seus primeiros e incipientes impulsos sexuais, desenvolviam uma "paixão" pelo genitor do sexo oposto e imitavam o outro para conquistar a sua atenção. Então, no caso da menina, ela imitaria a mãe e, ao mesmo tempo, competiria com ela pelo amor do pai. Nesse processo, seria muito importante que a criança percebesse que o seu amor tinha limites e que a mãe era uma mulher para o pai, não ela. E sublimaria o seu desejo para uma instância simbólica, que propiciasse a realização do seu próprio destino no mundo. Essa é a instância da lei: a interdição do imediatismo dos impulsos libidinais (energia vital básica) reconduzidos a uma perspectiva temporal e simbólica, para a constituição de um futuro possível. Isso nos humanizaria. É assim que a psicanálise aproxima a intempestividade sexual da violência: ambas são conseqüência da deficiência em colocar os desejos em perspectiva no tempo, num universo de valores participativos. E assim entendia o fato de que a proibição do incesto é uma regra em todas as culturas: sem ela, a própria possibilidade de cultura estaria ameaçada.

Freud acreditava que, na mesma medida em que se identifica com a "feminilidade" por meio da mãe para conquistar a aprovação do pai como mulher, a criança também precisa afastar-se dela, diferenciar-se na busca das condições de realização de seu caminho, assumindo-se como sujeito do próprio destino que se realizará além dos pais. Assim, a criança desenvolveria sentimentos de hostilidade pela mãe, para libertar-se dela. É bom para a criança que a mãe dê condições para esse afastamento. Mas nem sempre é assim. Algumas mães não conseguem separar o seu destino do dos filhos e forçam a identificação, num processo de simbiose que os amarra.

Imaginemos então uma situação em que a criança é uma menina, a filha do marido. Ela se espelha na mulher adulta para elaborar o seu próprio perfil de mulher e suas estratégias de aprovação. Ela tem fidelidade à mãe, o principal vínculo de apego e proteção. Mas a mãe não é amada pelo pai. A amada pelo pai é a "outra": a mulher do pai. A menina quer ser amada pelo pai, aprovada no seu perfil de mulher que está sendo constituído, bastante inspirado pela mãe, que o pai não ama mais.

No processo de constituição da identidade sexual, nos moldes freudianos, pode acontecer que a presença da mulher do pai e sua influência no comportamento da filha levem a mãe a exigir uma identificação com ela, utilizando, para isso, tanto idéias de fidelidade quanto sentimentos de culpa, mas nem sempre tão explicitamente. O pai, que poderia ser o mediador do distanciamento necessário da mãe, na medida em que colocasse as próprias condições de afeição pela filha, está longe da mãe. Sua presença alimentaria o ódio na ambivalência materna. Mas ele está com a mulher do pai.

Conheço uma história que exemplifica um pouco a dificuldade da mãe em discriminar a sua vida da vida da criança: o ex-marido recebeu uma herança e com ela comprou uma bela casa, onde vivia com a atual mulher e o filho que tiveram. As crianças, filhos do primeiro casamento, passavam lá os finais de semana quinzenais e as férias. Fizeram amigos no bairro e gostavam de freqüentar a nova casa. A mãe exigiu uma conversa urgente com o ex-marido.

A mãe disse:

— Quando recebeu a herança, você não pensou nas crianças.

Ao que ele respondeu, espantado:

— Claro que pensei, tanto que procurei uma casa num lugar onde elas pudessem ter espaço, amigos e diversão.

— Mas elas não vivem com você — ela insistiu.

— Se você quiser, podem viver — disse ele, meio sem entender.

— Você está querendo tirar as crianças de mim?

— Claro que não, mas se não vivem comigo é porque combinamos assim.

E ela disse:

— Você não deu nenhuma parte da herança para as crianças!

Ele, atônito:

— Como não? Elas são minhas herdeiras!

— Mas dividindo com a sua mulher e o seu novo filho não vai dar quase nada pra eles!

Ela se colocava como defensora das crianças, como quem queria somente o bem dos filhos, mas o subtexto era: "Você não pensou nas crianças porque não me deu nenhuma parte da herança, e o que eu vivo e sinto é o que as crianças vivem e sentem". Ela não conseguia vislumbrar uma vida que as crianças viviam além dela.

Antes de o pai estar com a nova mulher, assim que se separou da mãe, a criança ficou como o seu "único amor". Quando os pais se separam, a menina pode criar a ilusão de permanecer como o "verdadeiro amor" do pai.

A mulher do pai vem romper com isso.

Ela chega de surpresa e pode ocasionar, ao mesmo tempo: possibilidade de ser objeto de identificação e de ódio da criança; possibilidade de castração que a desamarra das expectativas paternas, ou seja, de libertação das exigências de ser "o amor" e a realização da felicidade do pai; e também possibilidade de favorecer para a criança a diferenciação psíquica com relação à mãe.

E, então, com esses conflitos, a menina pode ser favorecida na elaboração de um destino próprio que não é nem de "mulher do pai", nem de "escudeira" da mãe, nem de "realização plena" das expectativas dos pais, criando condições para a construção da sua própria razão de ser. A possibilidade desse favorecimento que pode ser proporcionado pela presença da mulher do pai será possível se a criança puder "estar com ela e contra ela". Para isso, a mulher do pai não pode ficar presa nem na posição de bruxa nem na posição de fada sedutora.

Caso contrário, uma guerra muito ambígua contra a mulher do pai poderá começar: para derrubá-la e neutralizar a sua influência, como se fosse ela a causa, a culpada malévola pela angústia tanto de separação da mãe quanto do pai.

Conheço uma história na qual essa guerra foi extremamente incômoda. Nela, a mulher do pai tinha alguma percepção psicanalítica, fazia análise havia muitos anos e percebeu a angústia da criança. Num ímpeto de caridade, encontrou como meio de aliviar a sua angústia apartar-se dela. Ou seja, evitou muita proximidade, deixou de arrumar os cabelos da menina, desistiu de conquistá-la. Talvez não tenha sido a melhor coisa a fazer, mas ela percebeu que essa situação foi também uma chance de escapar da armadilha da "boazinha sedutora", que alimentava a angústia da criança e a sua própria angústia. No entanto, reforçou a identificação com a mãe, com quem a menina se confunde.

Na guerra contra a identificação com a mulher do pai, essa menina começou a desafiá-la por meio da "Campanha a Favor da Mãe".

Essa campanha começou com desenhos espalhados por toda a casa, inclusive no carro, em lugares que poderiam surpreender a mulher do pai nas situações e nos dias mais diversos: desenho de família do qual a mulher do pai não participava; desenho com mamãe, papai e filha; desenhos com "amo papai e amo mamãe", e muitas variações sobre esse mesmo tema, sempre excluindo a mulher do pai.

Esses papéis ela encontrou aos montes. Seu marido não percebia o conflito que incitava a provocação. Ele queria evitar ao máximo envolver-se com as encrencas afetivas, como próprio do treinamento do papel de "homem".

Quando estava na sua casa e era fortemente contrariada, a menina ameaçava ligar para a mãe, mas a mulher do pai não deixava, mesmo que para isso precisasse usar a sua mais forte expressão de fúria. Já a criança enfrentava suas orientações dizendo que "a mãe deixa ou não deixa".

A campanha chegou a ponto de a mãe mandar os presentes que a criança ganhou da mulher do pai de volta para a sua casa.

Esses conflitos envolvem a constituição da identidade de cada um. Mesmo para os adultos, cuja identidade já está mais ou menos definida. Serão os abalos que esses conflitos entre identidades sofrerão que permitirão uma renovação. Como uma oportunidade para refazer-se. Os esforços do que entendemos como "eu" serão os esforços de síntese das contradições numa posição original. E original então não é a ausência de influências, mas como elas serão elaboradas na singularidade de cada um.

Mas, como a intenção deste livro não é apoiar toda a nossa reflexão sobre o Édipo freudiano, podemos entender que essa situação se desdobra assim: quando a mãe e a mulher do pai são muito diferentes e nutrem pouca simpatia uma pela outra, a situação se complica. A proximidade da filha com relação à mãe nos seus anos que antecedem a adolescência favorece a identificação por imitação com ela. Caso ela apreenda características da mulher do pai, no jeito do corpo, causará um abalo na composição da relação com a mãe, e esta, sentindo-se abalada no seu equilíbrio habitual, reagirá.

A criança viverá uma guerra interna de atitudes nascentes que seguram o seu corpo e concorrem entre si: ela se sentirá dividida e empurrada para caminhos diferentes ou, pior, antagônicos. Ou seja: são esquemas de movimento do corpo que a orientam por caminhos diversos ao implicarem diferentes centros de impulso e atenção. Um verdadeiro drama biomecânico!

Essa singularidade acontece com o corpo. O "eu" está associado com a perspectiva que o corpo assume para resolver as forças de uma situação. O "eu" será assentado na atitude que sintetiza as contradições, e ela definirá a posição e a predisposição desse "eu".

Assim, quando atravessamos uma rua e prestamos atenção nos carros e na distância a percorrer de onde estamos até o outro lado da rua, é da perspectiva dada pelo nosso corpo e dos cálculos que ele faz a partir dela com relação ao carro, para atravessar a rua com segurança, que emerge o sentido do "eu" que atravessa. Ao dividirmos a nossa atenção e perspectiva para o carro e para a amiga com quem conversamos, ficamos com o "eu" dividido, e nem a conversa nem a travessia estarão seguras.

Mas atravessamos muitas ruas conversando com nossos amigos, sem sermos atropelados. Isso porque, mesmo que o foco da atenção esteja voltado para o carro, o corpo automaticamente se compõe também com a amiga, numa percepção não-linear. Mesmo que a criança rejeite a mulher do pai e enfoque a mãe, seu corpo desenvolverá uma composição inevitável com ela, porque ela está ali, ao lado dela.

Se a mãe e a mulher do pai forçarem direções contrárias, os esforços da criança para fazer uma síntese de perspectiva serão maiores.

Nossas relações com as pessoas são mais complexas e difíceis do que nossas relações com os carros que passam pela rua quando conversamos com alguém. E, nessas relações, freqüentemente ficamos divididos entre as muitas direções possíveis, como numa encruzilhada, sem saber ao certo qual caminho seguir.

Conheço uma história em que o menino morava com o pai e a mulher do pai, a qual se esforçava para rejeitar a existência da mãe. Ela acreditava muito na família nuclear em geral e defendia a própria família nuclear que constituiu nesse casamento. Assim, competia a perfeição idealizada da "grande mãe", na sua posição de mulher do pai, com a mãe do menino. Um dia, essa mulher do pai escreveu uma carta para a mãe dizendo-se preocupada com a influência negativa que ela exercia sobre o próprio filho. Uma influência que, segundo ela, estava fazendo o menino desenvolver uma "dupla personalidade": na casa da mãe ele era de um jeito, na casa da mulher do pai, de outro. Não lhe ocorreu que o menino estava conseguindo se articular em espaços significativos com habilidade, mesmo porque ele não "virava a casaca" abruptamente, enfrentando algumas vezes atitudes de que não gostava, tanto da mãe quanto da mulher do pai. Isso ela entendia como "rebeldia".

Harmonia pela assimetria

Uma abordagem filosófica mais abstrata pode ajudar a mulher do pai a enfrentar os seus problemas. Neste caso, especialmente, a concepção de harmonia. A harmonia se realiza de dois modos diferentes: pela simetria e pela assimetria. Isto é, pela semelhança e pela diferença.

Para entender isso, imagine um gráfico com uma linha vertical e uma linha horizontal. Na linha vertical, visualize um movimento que acontece de cima para baixo e de baixo para cima. Imagine, então, que no topo dessa linha está o princípio de tudo que existe – o Ser. Desse princípio, a existência de todas as coisas "brota", mas brota conforme algum "projeto". Assim, para que um elefante exista, é preciso que antes haja uma espécie de projeto de elefante, uma "intenção" de elefante. A existência concreta do elefante acontece na linha horizontal, na qual ele está comprometido com a sucessão dos instantes, suscetível aos encontros, aos imprevistos e ao acaso. Na linha vertical, todos os elefantes são simétricos com relação ao "projeto elefante": os elefantes diferentes são semelhantes ao Elefante. Na linha horizontal, os elefantes são diferentes entre si, são assimétricos com relação às suas posições.

> *Ou seja, somos iguais e simétricos como seres humanos, mas somos desiguais e assimétricos pois na vida adotamos diferentes posições, valores etc.*

Como seres humanos, tudo bem entre nós: estamos harmonizados pela simetria, somos "iguais". Mas, como homens, mulheres, homossexuais, adeptos desta ou daquela religião, seguidores deste ou de outros valores, somos diferentes, somos assimétricos. E essa assimetria exige um processo de harmonia; não por acomodação, mas por evolução.

> *O processo de harmonia pela assimetria – pela diferença – é o único que exige evolução.*

Portanto, na medida em que o elefante vive no seu ambiente e novidades na relação entre eles provocam novas tensões, novos "projetos" podem surgir. É assim que de um contexto com dinossauros surgiu um contexto com elefantes. A idéia sustentada por essa abordagem é de que a tensão provocada pela assimetria permite que "projetos" novos evoluam de "baixo para cima". Da existência para o Ser.

Mas o que tudo isso tem que ver com a mulher do pai?

Vejamos: a concepção de família nuclear, que é a tradicional nos últimos tempos no Ocidente e vem mudando atualmente, é uma concepção que se impõe de "cima para baixo", verticalmente, ou seja, é um projeto pronto, bem concebido e conhecido, que se realiza há tempos organizando a afetividade, a sexualidade e a reprodução humana.

> Todas as famílias são idealmente simétricas quando submetidas ao projeto de família nuclear.

Mas a história vem colocando situações que exigem mudanças no modo de organizar a afetividade, a sexualidade e a reprodução humana: igualdade de competência entre os sexos, ênfase no amor e na realização individual, afrouxamento dos tabus sexuais. Enfim, a família nuclear indissolúvel não responde a essas novas exigências. Então,

> um novo projeto de família deve nascer das tensões que todos vivemos diante da assimetria entre as diferentes posições das novas dinâmicas familiares que existem hoje em dia.

E está nascendo de "baixo para cima". Das experiências para as idéias.

As mudanças, portanto, antes de significarem degeneração, significam evolução: e essa evolução poderá ser bem ou malsucedida.

> *O sucesso dependerá do quanto o que está em mudança será capaz de estabelecer laços originais que sustentem a sua participação, resistindo às forças de submissão, exclusão e destruição.*

Essa é a harmonia que se consegue pela assimetria.

A situação da mulher do pai é muito peculiar. Os pais exercem com relação aos seus filhos um papel de cuidado básico, que é um laço reconhecido pelas crianças como indissolúvel: os pais cuidam ou devem cuidar, os pais serão "sempre pais".

As crianças pequenas têm com os pais uma relação hierárquica, "de cima para baixo", determinada pelo cuidado e pela proteção que eles desempenham ou deveriam desempenhar. É uma relação assimétrica, uma vez que não é de igual para igual. Mas há um componente simétrico: os pais mandam e os filhos obedecem. Ou seja: os filhos "reproduzem" um comportamento cuja matriz de origem seriam os pais.

Diante da harmonia conquistada pela hierarquia simétrica, tudo está certo por acomodação, e a acomodação tem um grande valor.

> *Mas as situações de diferenças assimétricas propiciam a conquista de harmonia por evolução, não por acomodação.*

Será na não-acomodação na relação entre pais e filhos que todos serão levados a evoluir, saindo dos "lugares-comuns". Ao sair do "lugar-comum", ele é visto em perspectiva, como "um lugar possível", e muitos outros espaços abrem-se para a trajetória da vida humana.

Com os amigos a relação será diferente. Entre eles não há uma hierarquia definida, estão de igual para igual, são simétricos porque submetidos ao projeto "crianças". No entanto, enquanto estão juntos na linha do horizonte, viverão muitos momentos de assimetria das posições, dos interesses e confrontos do querer, por exemplo. E é nessas situações de conflito que as crianças terão oportunidade de desenvolver novas capacidades e recursos para o aprendizado e capacidades para a convivência.

E quais são as características simétricas e assimétricas da relação com a mulher do pai? Num primeiro momento pode parecer que ela está "no lugar da mãe". Neste caso, há uma hierarquia que faz que sejam assimétricas e ainda sustentaria uma simetria com base na reprodução de comportamentos colocados por ela. Mas também é muito comum que num momento que exerça a autoridade ouça: "Você não é minha mãe" ou "Você não é nada deles".

> *A assimetria da autoridade de adulta da mulher do pai não apóia nenhuma simetria de "reprodução": ela "não é nada deles".*

Ela exerce as funções adultas de cuidado e de proteção, verticais e assimétricas, com as responsabilidades e chateações que elas implicam, mas é colocada de igual para igual para neutralizar a hierarquia e evitar a adesão: como em condições iguais na linha do horizonte, "não pode mandar", "dar palpites", "interferir". Enfim, uma confusão.

> *Nesse lugar difícil, a mulher do pai está presa na assimetria da autoridade, que não leva à adesão simétrica; assim como na simetria entre iguais, que não leva à cooperação assimétrica.*

Ela não é mãe, não é amiga, não é madrasta.

Muitos acreditam que é pela busca de igualdade que a harmonia deve ser conquistada. No caso da mulher do pai, quando a assimetria da autoridade sustentar a simetria da adesão. Ou quando a simetria/igualdade de condições favorecer confrontos assimétricos de igual para igual. Nem é preciso dizer que nenhum dos dois é possível. Mas o que é possível?

Isso dependerá da emergência do processo evolutivo, do qual todos participamos.

> *Para que a harmonia se realize pela diferença, é preciso que um sentido maior envolva a todos, e o sentido básico, neste caso, é do barco das relações familiares.*
> *E que esse sentido possa emergir de "baixo para cima".*

Se a mulher do pai "não faz parte da família nuclear", que se impõe de "cima para baixo" como um modelo pronto, não poderá ser integrada num todo envolvente, abstrato e efetivo.

Esse todo integrador muitas vezes é concebido com a chegada de um filho do segundo casamento. Ele será irmão das crianças e filho da mulher do pai. Até a mãe poderá aceitar a mulher do pai com mais facilidade nesse caso, porque agora os seus filhos têm um irmão e ela poderá querer integrá-lo no sentido familiar do seu espaço significativo.

Uma amiga me contou que não era convidada para as festas de aniversário dos filhos do seu companheiro, na casa da mãe, porque esta achava que não fazia muito sentido ela participar da intimidade de uma festa de família. Até que nasceu o seu próprio bebê, e então ela foi convidada a participar. Quer dizer, não foi ela a convidada, afinal "não faz parte da família", mas o bebê! Ela seria uma espécie de carrinho de bebê, e não foi à festa – é compreensível.

> *Embora o nascimento de uma criança na nova relação possa envolver com mais evidência toda a rede no sentido de família, é importante que a mulher do pai exija um reconhecimento próprio. Caso contrário, de "mulher do pai" ela passará a ser a "mãe do irmão" e continuará sendo "ninguém".*

A chegada desse irmão poderá provocar outras complicações no que diz respeito à harmonia. O medo de que as crianças do antigo casamento possam se sentir rejeitadas ou relegadas a segundo plano poderá empreender esforços cansativos de igualar as condições. O pai poderá fazer cenas de proteção exageradas dos outros filhos para "provar" que seus sentimentos continuam inabaláveis. Poupar-se dessas cenas propiciará mais conforto a todos, porque o convívio e a permissão de que as crianças integrem esse novo irmão nas condições da família mosaico harmonizarão o conflito pela assimetria, pela diferença e pela evolução.

Outro exemplo de tentativa equivocada de resolver os conflitos por meio da harmonia pela simetria é quando, diante das diferenças entre a filha e a nova mulher, o pai imagina que poderá se dividir eqüitativamente entre elas. Se der um abraço numa dará na outra, buscando mostrar que elas são "iguais" para ele.

> *É a mesma ilusão que sustenta a idéia de que todos os filhos são "iguais" para os pais. Não são. Cada filho desenvolve com os pais relações diferentes, com peculiaridades que fazem daquela relação uma relação singular.*

Assim, uma vez que a relação do pai com a filha e com a companheira também é bastante diferente, é importante que essa diferença evidencie-se para que cada um conquiste sua própria posição nas dinâmicas tanto pessoal quanto familiar.

Então, um dia, a mulher do pai estará distraída, curtindo a presença do seu amor, e a filha dele o surpreenderá com um abraço e, com um olhar fortemente desafiador, dirá:

— Ele é MEU pai.

A mulher do pai faz de conta que achou uma gracinha, ele riu e ela também ri.

— Que gracinha...

A mulher do pai responde:

— Ele é o SEU pai, mas é o MEU marido — sorrindo amistosamente.

A criancinha continua:

— Ele gosta mais de mim do que de você — sem nenhuma expressão amistosa no rosto.

A mulher do pai se enche ainda mais de compreensão e força uma barra de paciência quando percebe que ele achou isso bonitinho...

Está criado o clima.

Mas é a vez de ele salvar a situação:

— Eu gosto mais de você como minha filhinha, mas gosto mais dela como minha mulher.

E a enche de carinhos... A mulher do pai se controla e espera que, afinal, esteja tudo resolvido. Mas não é isso o que acontece.

Essa cena se repete muitas vezes em infinitas variações, e com o tempo ele resolve se repartir entre as duas: ao dar um beijo na sua mulher, também dará um beijo na menina; ao elogiar uma, elogiará também a outra; ao abraçar uma, abraçará também a outra; e, para culminar o processo de repartição eqüitativa, se ele senta ao lado da mulher, a filha corre e senta-se do outro lado.

A mulher do pai deixa a coisa se desenrolar por certo tempo, está cheia de dúvidas, até o dia em que a filha do marido estará na sua cama, ele estará no meio e ela própria estará do outro lado. Ela pensará que a irritação que sente é uma bobagem. Afinal, que mal haveria nisso? Mas um dia, no pequeno instante em que ela estava sozinha com ele no sofá da sala, a filha vem com tudo e ele, que também fica tenso – mas jamais admitirá –, a coloca sentada no lado oposto. E a mulher do pai, sem conseguir se controlar, finalmente explode:

— Saia já daqui, me deixa um pouco em paz com o seu pai!

Ele se assusta, assim como a menina e a mulher do pai, é claro.

O clima já estará criado, e a mulher do pai se verá na terrível encruzilhada entre assumir o seu lado bruxa ou esforçar-se para manter-se fada. Na verdade, o que acontece é que todos começam a parecer bruxos.

Bruxa não vira fada – cuidado com os bons conselhos!

A mulher do pai sempre corre o risco de ouvir alguns "bons conselhos" que podem não ser tão "bons" assim.

> *Quase todos os "bons conselhos" estão apoiados nos resquícios ideológicos da família nuclear, que tentam transformar a madrasta em boastra, ou então supõem que a mulher do pai pode ser "neutra".*

Um desses "bons conselhos" sugere que o pai deve estar sempre entre os filhos e ela, e está apoiado na dinâmica da família nuclear. O pai deveria dar o "aval" para a interferência da mulher do pai, que só deveria ocorrer nos limites da permissão paterna. Ou ainda, se a mulher do pai tem alguma facilidade de proximidade com a mãe, que siga as suas orientações, como uma auxiliar. Assim, espera-se que ela seja um reflexo das atitudes da mãe, abrindo mão da sua própria razão de ser. No entanto, como já vimos, isso compromete o seu equilíbrio, porque esse conselho não leva em consideração suas dificuldades de abrir mão de seus sistemas de comportamento e valores envolvidos. Trata-se de uma exigência de que a mulher do pai seja simétrica com relação aos pais: uma expectativa de harmonia pela simetria, sem levar em consideração as urgências de composição, equilíbrio e evolução.

Esse conselho só faz sentido quando se admite que a mulher do pai não faz parte da família e é uma "página em branco". Supõe que, como ela não faz parte da família nuclear, só pode entrar nela mediante a autorização do membro legítimo da família, que é o pai, e apenas para desempenhar superficialmente tarefas maternais, como "estepe" da mãe: é a ilusão de que a harmonia só pode ser obtida por meio da simetria.

Esse conselho se aproxima daquele que chama a atenção da mulher do pai para o fato de que "eles já estavam lá" quando ela apareceu, na suposição de que a ordem de chegada atribui valor hierárquico aos fatores e obriga a mulher do pai a ceder ao espaço significativo que encontrou. Ela não cederá, não porque não queira, mas porque não existem condições humanas para isso. O máximo que ela conseguirá fazer é compor com ele, e ao compor irá desestabilizá-lo, assim como será desestabilizada. E esse é um fundamento para alguns conflitos que todos viverão.

Algumas pessoas acreditam que o aval do pai é importante para que a mulher do pai evite ouvir a famosa frase: "Você não é minha mãe", assim como para evitar o "leva-e-traz" de fofocas e queixas que as crianças fazem com a mãe. Seria um modo de a mulher do pai "preservar-se". Mas por que uma mulher do pai iria querer "preservar-se" no papel de neutra ou de boazinha? Quando a mãe "autoriza" os filhos a gostarem da mulher do pai, é muito bom. Mas nem sempre isso acontece, e não adianta ficarmos nos queixando pela não-realização de uma situação ideal. O fato é que muitas mães não estão de acordo com a mulher do pai nem com os procedimentos do marido, e vice-versa.

Conheço uma história em que a mãe, numa noite em que estava rezando com as crianças na hora de dormir, citou todos da família e uma delas perguntou:

— E a mulher do pai?

E a mãe respondeu:

— Para algumas pessoas a gente não reza.

(!!!)

> *Portanto, querer "preservar-se", agindo de acordo com os critérios da mãe ou escondendo-se atrás do aval do pai, reforça a exclusão da mulher do pai como membro da família, impedindo sua integração mediante resoluções mais significativas para a sua posição e da nova família em longo prazo.*

É praticamente consenso entre os estudiosos que a entrada do pai na vida dos filhos foi fator de desenvolvimento da complexidade mental da humanidade. Poucos sabem que nos primórdios da humanidade não se sabia que os machos participavam da "feitura" dos filhos. Isso só se tornou um conhecimento para os seres humanos depois que começaram a prender o rebanho e perceberam que fêmea sozinha não engravidava. Só então foi associado o sexo à reprodução. Com o pai, as crianças passaram a ser representadas por dois indivíduos diferentes: mãe e pai. Com isso, desenvolveram desde cedo a sua constituição como indivíduos com base numa percepção da ambigüidade, favorável ao desenvolvimento de uma relação mais contraditória com a sociedade e, por isso, mais complexa e aberta à evolução subjetiva e cultural. Trata-se de uma evolução pela assimetria. Os pais não são iguais, não são "os mesmos", por mais que alguns casais consigam ter opiniões parecidas sob muitos aspectos. Essas concordâncias têm um valor mais prático do que subjetivo: ajudam a organizar a rotina da casa. A percepção das crianças dessas diferenças é fundamental para a ampliação da sua visão do mundo.

Dessas diferenças fazem parte aquelas trazidas pela mulher do pai nas novas famílias mosaico.

A mulher do pai e a mãe podem ter diferenças quanto às normas das suas próprias casas, à condução da vida cotidiana e às atitudes com que sustentam sua vida. São lares diferentes e diferentes espaços significativos dos quais as crianças fazem parte. É bem difícil para a mulher do pai responder pelas expectativas da mãe, muitas vezes contrárias aos seus próprios valores. As crianças fazem parte da sua vida, trazem valores e comportamentos para dentro da sua casa, serão irmãs de seus próprios filhos e ainda no futuro poderão estar dentro desta mesma casa na sua velhice. Talvez seja mais importante perceber que nem sempre na vida estamos de acordo com todos, nem somos plenamente bem-vistos, aceitos ou estamos em concórdia.

E excluir-se dessa situação, escondendo-se por detrás da legitimidade da família nuclear, ou seja, do aval do pai e das recomendações da mãe, não ajuda em nada. Isso reforça o mito da família nuclear, a vitimação de todos, a exclusão da mulher do pai, e dificulta a elaboração de novos mitos, valores e posições para as novas dinâmicas familiares.

Outro conselho bastante comum, muitas vezes advindo dos membros das famílias envolvidas, é que "o que importa é a felicidade das crianças". De modo geral até pode parecer sensato.

> *No entanto, a felicidade dos casais que se formam depois de separações não está condicionada à felicidade das crianças. Assim como a decisão de separação dos antigos casais não estava condicionada à felicidade dos filhos.*

De qualquer modo, é inevitável assumir o processo de formação de crianças que crescem e convivem dentro da sua casa, e isso significa não ser sempre "compreensiva e piedosa", mas, muitas vezes, exigente e chata.

> *Ver as crianças como "vítimas" que não vivem com os pais juntos e têm de passar por situações estressantes numa nova constituição familiar, "degenerada", não ajuda em nada.*

A infância também é um momento para lidar com a frustração e as dificuldades. Outra ideologia que oprime os adultos hoje é a da infância feliz, como se a felicidade obrigatória da infância não permitisse a vivência de problemas. No entanto, uma pesquisa realizada na PUC, em São Paulo (Souza, 2006), revelou que as crianças já convivem, desde pequenas, com a idéia de separação dos pais, mesmo as crianças cujos pais estão juntos. E o mais surpreendente é que a idéia que têm da separação e dos novos casamentos dos pais não é ruim. Embora admitam sofrimento, acrescentam que com o tempo as coisas melhoram. As psicólogas que fizeram a pesquisa atribuem o maior ou menor sofrimento com respeito à separação no padrão de apego que as crianças desenvolveram com os pais. Quando têm bem internalizado o aspecto indissolúvel da relação com os pais, e com isso a idéia de permanência do amor por elas, aceitam com muito mais facilidade a separação. Ou seja, elas têm relativamente claro que a separação envolve uma separação dos pais, e não delas. O que mais importa é a continuidade da sua relação com os pais. E é a ameaça da perda da relação que traz a idéia de abandono, não a separação.

Uma infância feliz é aquela que permite às crianças a possibilidade de elaborar a vida mantendo vínculos significativos, envolvidas nas alegrias e nas tristezas que a vida traz.

> *Garantir às crianças uma boa infância é assegurar a sua participação por laços afetivos, e não uma euforia contínua e da permanência do casal sob o mesmo teto.*

Muitos pais que vivem longe dos filhos querem um "final de semana feliz". Qualquer choro, amuação ou descontentamento pode cair como uma pedra de culpa e medo. No entanto, garantir um espaço afetivo é permitir que na sua casa, durante esses dias, também existam espaço e condições de experimentar, além de alegria, tristeza e raiva.

Uma amiga, mulher do pai, contou-me que, durante uma confusão em casa, viu-se dizendo:

— Essa menina tem de aprender a ficar triste aqui em casa!

Surpresa e assustada com o que disse, só depois pôde entender o que a sua intuição gritou. Era muito aflitivo ver seu companheiro, o pai da menina, escravo da plena satisfação das vontades dela. Qualquer beicinho era tido como uma terrível ameaça, que o deixava enrolado em inúmeras desculpas e bajulações, vulnerável a chantagens de todos os tipos. Esse pavor que ele tinha de que a menina ficasse triste oprimia a sua companheira, que se via paralisada para dizer não, para discordar, para determinar na sua própria casa algumas condições de convívio.

Outra recomendação que se dá à mulher do pai é que compreenda as dificuldades do marido, que deve estar traumatizado com a separação e sofrendo com a distância das crianças. Recomenda-se que a mulher do pai esteja atenta às angústias e às frustrações do companheiro, auxiliando-o. Muito bonito e bom para aquelas que o conseguem. Mas aqui está a incrível recomendação de que a mulher do pai deve ser simplesmente m-a-r-a-v-i-l-h-o-s-a.

E quanto às suas próprias limitações, angústias e frustrações?

Recomenda-se à mulher do pai alertá-lo do seu papel de educador, o que também aparentemente é um ótimo conselho. No entanto, até que ele perceba que a casa no final de semana não é um parque de diversões de alegria infinita, a mulher do pai já interferiu muitas vezes, já foi chata várias vezes, e muita discussão aconteceu.

Ou seja, não dá para esperar que o pai assuma seu papel de educador – até aí a mulher do pai já agiu muitas vezes, assumindo seu pertencimento sem a mediação do pai, com bom ou mau jeito, causando muitas situações de desconforto e vontade de "ir embora", tanto nas crianças quanto nela própria.

E, por isso, o "bom conselho" de que as crianças e a ex aceitem a mulher do pai pelo seu lado bonzinho, pelas "boas atitudes", pode causar mais angústia do que alívio. Mais exigências do que compreensão. A mulher do pai provavelmente terá bons momentos com boas atitudes, mas terá também muitos maus momentos com atitudes não tão boas. Isso também acontece com a mãe e com o pai. Mas como institucionalmente as boas ou más atitudes não condicionam o pertencimento dos pais, que são "a família", somente o pertencimento da mulher do pai será condicionado por elas. Isso é uma armadilha perfumada que depois cheirará muito mal.

> *A mulher do pai não é m-a-r-a-v-i-l-h-o-s-a, é só uma pessoa. Não dá para evitar maus sentimentos em nenhum tipo de relação na vida, nem nessa.*

Também se aconselha à mulher do pai não dar "palpites", porque podem parecer coerentes para si, mas não aos olhos da família. Mais um conselho que exclui a mulher do pai da família! Mas como não se intrometer? O seu próprio modo de ser e de viver já é uma intromissão que revela valores, assim como um modo de perceber. E, se as crianças conviverão com ela, não há motivos nem condições para que não se intrometa. A não ser que se aceite que a mulher do pai não faz parte da família, e se tenha a triste ilusão de que poderá ser "neutra".

> *As posições são inevitáveis, as memórias com suas sabedorias e seus ranços fazem parte da instância política cotidiana da vida das pessoas, o jeito do corpo presente já é uma intromissão que não pode ser superada por uma idéia de tolerância incondicional.*

Outro conselho que a mulher do pai costuma ouvir é que sua opinião não deve contrariar a do pai ou da mãe, o qual continua apoiado na idéia de que ela não faz parte da família. Mas, se for entendida como membro da família, poderá e deverá discordar de alguma decisão ou opinião, posicionar-se, mesmo que sua opinião não prevaleça.

Faz parte do desenvolvimento entender que, na vida, não são todos iguais nem pensam da mesma maneira, ainda que a hierarquia de poder privilegie o mando de alguns – neste caso dos pais. As crianças sabem que muitas vezes têm de obedecer mais por respeito à autoridade do que pelas razões.

Então, o conselho para que a mulher do pai se oriente com a mãe, quando possível, para saber como os filhos devem ser tratados é um equívoco em muitos sentidos. Primeiro, supõe-se que a mãe saiba o que está fazendo e que faz o melhor. Isso não corresponde aos dados da realidade.

> *As mães estão sujeitas a erros, como todo mundo, e suas decisões também são posições políticas cotidianas, com as quais a mulher do pai não precisa estar de acordo, como muitas vezes não está.*

Depois, esse conselho também é um erro porque coloca a mulher do pai como um "estepe de mãe", prejudicando o desenvolvimento de um lugar próprio na nova dinâmica da família. Ela só será coadjuvante diante do modelo da família nuclear. Fora dela não é uma coadjuvante, é um membro tão importante como outro qualquer.

Dizem também para a mulher do pai ser "amiga". Mas o fato é que ela não é amiga, é uma adulta com responsabilidades que as crianças nem sequer conseguem entender. Com amigos as crianças brigam e ficam de mal. Amigos as crianças tratam de igual para igual, e esta não é a condição da mulher do pai. Essa idéia de ser amiga também foi sugerida à mãe dos anos 1970. Não deu certo. Mãe não é amiga. Assim como a mulher do pai não será.

> *Embora possam ter momentos de profunda amizade, de cumplicidade de amigos, a amizade não é a característica das relações com a mulher do pai.*

Também se costuma apelar muito para a necessidade de "maturidade" da mulher do pai. No entanto, não existe um botão que ativa a maturidade, e não é possível que as pessoas amadureçam antes de entrar numa situação como essa, assim como isso não acontece com a mãe nem com o pai, que também sofrem com suas imaturidades emocionais, mentais e intelectuais.

> *"Maturidade" poderá ser convertida num ideal autoritário que alimenta a culpa.*

E muitas vezes a idéia de "maturidade" desses conselhos é associada à capacidade de ser "boa: a boastra". No entanto, a idéia de que será amada sendo "boazinha" também é um sinal de imaturidade a ser superado. Então, vamos partir do princípio de que em muitas situações todos, sem exceção, terão, em alguma medida, ações e reações "imaturas" – mãe, pai, mulher do pai.

Também é comum o conselho de "não tentar educar as crianças", uma vez que a educação deve ser tarefa dos pais. Novamente a família nuclear da qual a mulher do pai não faz parte... Mas a realidade é que a mulher do pai faz parte dos novos arranjos familiares, e como não educar se eles convivem com ela? Se não convivem diariamente de fato, convivem virtualmente, nos finais de semana e em muitos dias seguidos de férias. Como não educar?!

Conselhos civilizados, como o de que todos devem se dar bem, são bonitos, mas não levam em consideração muitas dificuldades reais: a separação do ex-casal quase sempre acontece devido a sérias dificuldades de entendimento, de comunicação, de afinidades. Muitos casais separados nunca mais se encontrariam caso as crianças não estivessem entre eles. Casais assim conseguem, no máximo, ter encontros sociais civilizados na medida da superficialidade.

Claro que alguns casais que se separam conseguem ficar amigos, mas isso não pode ser exigido de todos os outros que não conseguem. Da mesma forma, os novos companheiros podem não conseguir um bom relacionamento com os ex.

> *Neste caso, a distância poderá ser uma solução melhor do que forçar uma aproximação angustiante para todos.*

As dificuldades que a mulher do pai enfrenta ao relacionar-se com seu marido e a ex referem-se à participação das crianças em suas vidas. Sem as crianças, a ex não teria relevância. Sem elas, os problemas do novo casal não envolveriam uma nova concepção de família e seus desafios peculiares. Portanto, é no âmbito da participação das crianças que essas dificuldades devem ser compreendidas, pois são elas que fazem da mulher a mulher do pai. Fora desse âmbito, os problemas de todos já não são problemas da mulher do pai...

É importante lembrar que uma boa família não é uma família sem conflitos, mas aquela que favorece possibilidades para que as pessoas possam desenvolver seus recursos afetivos, cognitivos e criativos.

> *Isso significa abrir mão de modelos e ideais de convivência prontos e propiciar novas capacidades criativas, afetivas e inteligentes.*

A habilidade de lidar com as situações de modo mais participativo e menos destrutivo depende da capacidade de aceitação tanto de expressões hostis quanto de expressões amistosas. Depende tanto da capacidade de se aproximar quanto da capacidade de se distanciar. Expressar, aceitar e elaborar os limites dos campos de apego e rejeição é fundamental para o desenvolvimento da tão querida "maturidade", para que as pessoas entendam suas próprias condições de estar, resistir, acolher e ser: pertencer.

> *Se a permeabilidade da nova família com a mulher do pai propicia conflitos, também propicia o surgimento das habilidades que formarão um futuro capaz de evitar a guerra com a competência para conviver com atritos.*

Tolos os homens que oram aos Deuses pedindo a paz, não sabem eles que, se o seu desejo for atendido, o Universo inteiro será destruído.

Heráclito, filósofo grego pré-socrático.

Referências bibliográficas

Almeida, C. R. *O bom divórcio: como manter a família unida quando o casamento termina*. Rio de Janeiro: Objetiva, 1995.

Atlan, H. *Entre o cristal e a fumaça*. Rio de Janeiro: Jorge Zahar, 1992.

Badinter, E. *Um amor conquistado: o mito do amor materno*. Rio de Janeiro: Nova Fronteira, 1985.

_____. *Um é o outro*. Rio de Janeiro: Nova Fronteira, 1986.

Borges, F. C. *A filosofia do jeito: um modo brasileiro de pensar com o corpo*. São Paulo: Summus, 2006a.

_____. *Manobras da existência: como o corpo dirige nossas vidas.* São Paulo: Sinte, 2006b.

Claire, G. *Família mosaico: as novas constituições familiares.* São Paulo: Augustus, 2000.

Costa, J. F. *As práticas amorosas na contemporaneidade.* Rio de Janeiro: Artes e Contos, 1994.

Damásio, A. *O mistério da consciência.* São Paulo: Companhia das Letras, 2000.

Deacon, T. W. *The symbolic species.* Nova York: W. W. Norton & Company, 1997.

Falcke, D.; Wagner, A. *Mães e madrastas: mitos sociais e autoconceito.* Estudos de Psicologia (Natal), 2000. Disponível em: <http://www.scielo.br/pdf/epsic/v5n2/a07v05n2.pdf>.

Féres-Carneiro, T. "Casamento contemporâneo: o difícil convívio da individualidade com a conjugalidade". *Psicologia: Reflexão e Crítica*, vol. 11. n. 2, 1998, p. 379-94.

Foucault, M. *História da sexualidade I, II e III.* Rio de Janeiro: Graal, 1985.

Gaiarsa, J. A. *A estátua e a bailarina.* 2. ed. São Paulo: Ícone, 1988a.

_____. *Família de que se fala e família de que se sofre.* 5. ed. São Paulo: Ágora, 1986a.

_____. *Família e política.* 3. ed. São Paulo: Ícone, 1988b.

_____. *Poder e prazer: o livro negro da família, do amor e do sexo.* São Paulo: Ágora, 1986b.

Giddens, A. *A transformação da intimidade.* São Paulo: unesp, 1993.

Gikovate, F. *O homem, a mulher e o casamento.* São Paulo: M. G. Editores Associados, 1982.

Jung, C. G. *O homem e seus símbolos*. Rio de Janeiro: Nova Fronteira, 1991.

Kehl, M. R. *A mínima diferença: masculino e feminino na cultura*. Rio de Janeiro: Imago, 1996.

_____. *Sobre ética e psicanálise*. São Paulo: Companhia das Letras, 2002.

Kern, D. "A mãe e a madrasta: relação entre nação e gênero em *O barão de Lavos*, de Abel Botelho, e *O mulato*, de Aluísio de Azevedo". *In* Revista *Inventário*. 4. ed., jul. 2005. Disponível em: <http://www.inventario.ufba.br/04/04dkern.htm>.

Lins, R. N. *A cama na varanda: arejando nossas idéias a respeito de amor e sexo*. Rio de Janeiro: Rocco, 1997.

Mondolfo, Rodolfo. *Heráclito – textos y problemas de su interpretación*. México: Siglo XXI, 1989.

Morin, Edgar. *O paradigma perdido*. Portugal: Europa América, 1973.

Muraro, R. M. *A mulher do terceiro milênio*. 3. ed. Rio de Janeiro: Rosa dos Tempos, 1993.

Palermo, R. *Madrasta: quando o homem da sua vida já tem filhos*. São Paulo: Mercúrio, 2002.

Pinker, S. *The blank slate*. Nova York: Penguin Books, 2002.

Rolnik, S. *Cartografia sentimental: transformações contemporâneas do desejo*. São Paulo: Estação Liberdade, 1989.

Santos, M. F. *Pitágoras: e o tema do número*. São Paulo: Ibrasa, 2000.

Souza, R. M.; Ramires, V. R. R. *Amor, casamento, família, divórcio... e depois, segundo as crianças..* São Paulo: Summus, 2006.

_____. "Os filhos do divórcio". *In* Macedo, R. M. S. (org.). *Terapia familiar no Brasil: o estado da arte*. São Paulo: APTF, 1995, p. 511-8.

Uziel, A. P. *Família e homossexualidade: velhas questões, novos problemas*. 2002. Tese (Doutorado em Ciências Sociais), Unicamp, Campinas.

_____. "Homossexualidade e parentalidade: ecos de uma conjugação". *In* Heilborn, M. L. (org.). *Família e sexualidade*. Rio de Janeiro: FVG Editora, 2004, p. 87-117. (Coleção Família, Geração e Cultura).

Vygotsky, L. S. *A formação social da mente*. São Paulo: Martins Fontes, 1988.

A autora

Fernanda Carlos Borges é graduada em Filosofia pela Pontifícia Universidade Católica do Rio Grande do Sul (PUC-RS), mestre em Ciências da Motricidade pela Universidade Estadual de São Paulo (Unesp) e doutora em Comunicação e Semiótica pela PUC-SP. É professora nos cursos de graduação em Artes Plásticas e de pós-graduação em Humanidades da Fundação Armando Álvares Penteado (Faap).

Atriz e pesquisadora das relações entre corpo, consciência e cultura, estuda Wilhelm Reich e seus seguidores, assim como a filosofia da mente com base nas ciências cognitivas.

Também publicou, pela Summus Editorial, o livro *A filosofia do jeito: um modo brasileiro de pensar com o corpo* (2006).

Fernanda é mãe, ex-mulher e mulher do pai.

IMPRESSO NA
sumago gráfica editorial ltda
rua itauna, 789 vila maria
02111-031 são paulo sp
telefax 11 **6955 5636**
sumago@terra.com.br

G R Á F I C A
sumago